Le Corbusier

르 코르뷔지에,
건축가의
길을 말해 줘

일러두기

르 코르뷔지에의 작품은 저작권의 보호를 받고 있어 사진을 수록하지 못하였습니다.
르 코르뷔지에의 작품은 책 하단에 있는 QR코드를 통하여 확인할 수 있습니다.

내가 **꿈꾸는 사람** _ 건축가
Le Corbusier

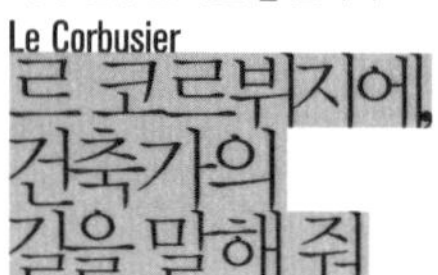

르 코르뷔지에, 건축가의 길을 말해 줘

초판 1쇄 2013년 11월 1일
초판 4쇄 2022년 5월 2일

지은이 이재인

책임 편집 윤정현
마케팅 강백산, 강지연
표지디자인 권석연
본문디자인 유민경
일러스트 차승민

펴낸이 이재일
펴낸곳 토토북
주소 04034 서울시 마포구 양화로11길 18, 3층(서교동, 원오빌딩)
전화 02-332-6255
팩스 02-332-6286
홈페이지 www.totobook.com
전자우편 totobooks@hanmail.net
출판등록 2002년 5월 30일 제10-2394호
ISBN 978-89-6496-164-3 44990

· 잘못된 책은 바꾸어 드립니다.
· '탐'은 토토북의 청소년 출판 전문 브랜드입니다.
· 이 책의 사용 연령은 14세 이상입니다.

내가 **꿈꾸는 사람** _ 건축가

Le Corbusier

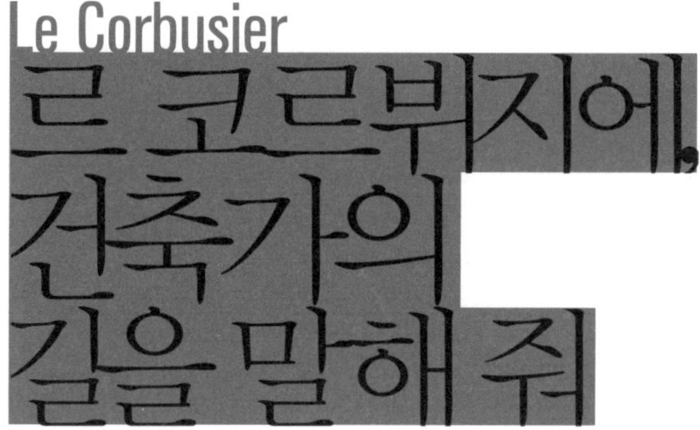

르 코르뷔지에, 건축가의 길을 말해 줘

글 이재인

팀

과묵한 건축가가 들려주는
수다스런 건축 이야기

독일의 법학자 예링은 '철학자처럼 생각하고 농부처럼 말하라'고 입법학자의 덕목을 이야기했어요. 이는 비단 법을 만드는 학자에게만 한정된 말은 아닐 거예요. 각 분야의 전문가라면 지식을 전달할 때 농부처럼 말하고 써야 더 많은 사람이 이해할 수 있을 테니까요.

우리는 평생을 건축과 함께해요. 건축의 내부 공간에서 생활하고 일하며, 외부 공간에서 즐기지요. '우리는 건축과 이토록 친숙한데, 왜 건축을 표현하는 글은 철학자의 표현을 빌고 있을까? 쉽고 이해하기 좋게 설명해 줄 순 없을까?' 이런 생각 끝에 근대 건축의 거장으로 불리는 르 코르뷔지에에 관한 책을 쓰게 되었답니다.

'코르뷔지에? 또야? 식상하잖아!'

나 역시 그랬답니다. 건축을 알든 모르든 이름은 많이 들어 본

르 코르뷔지에. 그런데 우리가 과연 그에 대해 잘 알고 있을까요? 건축 공부를 시작해서 지금까지 27년 동안 내가 가장 많이 접한 건축가도 르 코르뷔지에랍니다. 그러나 막상 글을 쓰려고 자료를 조사하다 보니, 내가 그를 잘 알고 있었다고 자신 있게 말하기가 어려워졌습니다. 르 코르뷔지에에 관해 쓰인 책은 외국 저작물을 우리말로 옮긴 것이 대부분이고, 르 코르뷔지에라는 인물보다는 그의 작품을 소개하는 책이 대부분이었지요. 게다가 책마다 용어나 연도가 다른 것이 많아 집필하는 동안 어려움을 겪기도 했답니다. 그나마 사실 부분은 '르 코르뷔지에 재단'에서 공식적으로 발표한 내용이 있어 다행이었지요.

그렇다고 이 책이 그동안 르 코르뷔지에에 관해 나온 책들의 오류를 수정하는 것에 그치는 것은 아니랍니다. 건축물은 콘크리트로 만들어진 물체가 아니라 작가의 영혼을 담은 '얼굴' 같은 거예요. '얼'을 담고 있는 '굴' 말이에요. 따라서 작가를 모르고 그 작품을 이해한다는 것은 거의 불가능하답니다. 그래서 이 책은 르 코르뷔지에라는 사람의 이야기를 담으려고 노력했어요.

르 코르뷔지에는 실제로는 매우 과묵한 사람이었어요. 자신과 자신의 작품을 이해하지 못하는 사람들이 그를 비난해도, 그들에게 설명하거나 이해시키려 한 적이 없었거든요. 그래서 나는 혹시 그가 한 번쯤은 후회했을지도 모른다고 생각했어요. '내가 그땐 왜 그랬을까? 사람들을 좀 설득해 볼 걸……. 그건 나를 오해한 거라고, 이런 이유 때문에 그렇게 건축할 수밖에 없었노라'고 말이에요. 그도 사람이니까요.

평생 과묵했던 건축가가 청소년 여러분에게 건축에 대해 들려주

르 코르뷔지에, 건축가의 길을 말해 줘

는 수다는 어떨까 하고 재미있는 상상을 해 보았어요. 짧은 지면에 르 코르뷔지에의 인생도 담고, 그의 작품도 이해시키기 위해 나는 르 코르뷔지에의 입을 빌리기로 했어요. 그가 자신에 관한 이야기를 직접 독자에게 들려준다면 훨씬 더 설득력 있을 테니까요.

이 책을 읽으며, 독자들이 "어라? 그랬구나."라든가 "아! 코르뷔지에는 정말 대단해!" 하고 탄성을 지른다면 성공입니다.

독자들이 무릎을 탁! 치는 그 순간 르 코르뷔지에를 이해하기 시작한 것이고, 그의 건축을 알게 되는 순간이며, 다른 수많은 건축가를 이해하는 순간이 될 거예요.

사랑하는 아들 주형이를 위하여 이 책을 씁니다.

이재인

과묵한 건축가가 들려주는 수다스런 건축 이야기　004

1 Le Corbusier

그래, 난 건축가가 될 거야!

시계 디자인 공에서 건축가로　012

으싸으싸, 건축을 배우자　026

드디어 찾았다! 내가 하고 싶은 건축　040

코르뷔지에의 건축학 개론
수학 · 과학 · 미술을 못해도 건축가가 될 수 있어요　058

2 Le Corbusier

탄생, 르 코르뷔지에

파리에서 건축을 그리다　062

르 코르뷔지에로 재탄생하다　073

최소한의 건축이 태동하다　079

코르뷔지에의 건축학 개론
건축물은 이렇게 만들어져요　094

3

Le Corbusier

도시를
행복하게 만들자

행복한 건축을 위한 첫 번째 도전, 도시 계획 098

사람이 행복한 도시를 실현하다 108

코르뷔지에의 건축학 개론
도시 계획은 주택 설계와 조금 달라요 118

4

Le Corbusier

건축가는
행복을 짓는 사람

르 코르뷔지에 식 건축이 자리 잡다 122

상상하는 만큼 건축이 되다 133

알맞은 집의 크기는? 141

행복한 건축을 위한 두 번째 도전 150

부록 전문가에게 듣는 건축이야기 158

르 코르뷔지에를 꿈꾼다면 173

건축의 거장 중에 나의 롤모델을 찾아요 192

Le Corbusier

1

그래,

난 건축가가 될 거야!

시계 디자인 공에서
건축가로

“그때까지 나는 인간이 아니었다.

나는 막 전개되려는 삶 앞에서 독자적인 인간이 되어야 했다.”

르 코르뷔지에

스위스 라 쇼드퐁에서 태어난 잔느레(르 코르뷔지에)의 집안은 대대로 시계 장인이었어요. 그 역시 가업을 이어받을 생각으로 예술학교에 입학했지요. 하지만 운명은 예기치 않은 순간에 새로운 길을 열어 준답니다. 학교에서 만난 선생님이 건축가가 되어 보지 않겠느냐고 권유했고, 잔느레는 고민 끝에 건축가가 되기로 결심합니다.

갑작스레 건축가로 진로를 변경한 잔느레는 자신의 진로를 어떻게 설계해 나갔을까요?

르 코르뷔지에, 건축가의 길을 말해 줘

질문은 내 취미!

안녕? 나는 르 코르뷔지에라고 해. 어릴 때는 샤를 에두아르 잔느레Charles Edouard Jeanneret라고 불렸지. 난 스위스 라 쇼드퐁La Chaux-de-Fonds●이라는 고장에서 1887년 10월 6일에 태어났어. 내가 태어났을 때, 라 쇼드퐁은 시계 산업 중심지였고, 지금도 그래. 이런 도시에 살고 있는 우리 할아버지와 아버지 모두 시계 산업 종사자였고, 나 역시 가업을 이어받아서 시계 장인이 되리라 생각했어. 하지만 난 조금 다른 길을 갔지.

아주 어렸을 때부터 결심한 거냐고? 에이, 어릴 때야 신 나게 놀고 재미있는 것을 실컷 했지 뭐. 나중에 어른이 되어서 세계적으로 유명한 건축가가 되었지만, 나한테도 어린 시절은 있었다고. 신 나게 뛰어 놀고, 궁금한 것을 못 참는 개구쟁이가 어떻게 해서 세상이 알아주는 건축가가 되었을지 궁금하지 않니? 지금부터 그 얘길 들려줄 테니 편안하게 앉아서 잘 들어 봐.

너희는 어릴 적에 무엇을 하고 놀았니? 오래 전 이야기이긴 하지만 난 어릴 적에 언제나 그림을 그렸어. 그렇지 않으면 누구한

● 라 쇼드퐁(La Chaux-de-Fonds) : 스위스 뇌샤텔 주에 있는 도시. 쥐라 산맥 남동면에 있는 프랑스 국경 근처에 있습니다. 17세기 후반에 시계 제작을 시작한 이후 줄곧 시계를 제조했으며, 현재 스위스 시계 상업 회의소 본부가 있고, 스위스 시계 산업의 중심지이기도 하지요.

그래, 난 건축가가 될 거야!

테든지 무엇인가를 꼬치꼬치 캐물었던 것 같구나. 덕분에 난 뭘 몰라서 고민한 적이 단 한 번도 없었단다.

거짓말 같다고? 어떻게 어린 아이가 모든 걸 다 알 수 있느냐고? 허허, 벌써 저만치 앞서 가는구나. 나는 모든 걸 다 안다고는 하지 않았어. 단지 내가 뭘 모른다고 느끼기 전에 궁금한 것이 생기면 주변에 있는 사람에게 얼른 물었을 뿐이야. 그러니까 몰라서 고민 따윈 할 필요가 없었겠지?

내가 끊임없이 질문하는 아이가 된 것은 어머니 덕분인 것 같아. 어머니는 동네에서 피아노를 가르치는 일을 하셨는데, 아이들이 진도를 잘 따라오지 못해도 진득하게 기다려서 인내심 있게 아이들을 가르친다고 소문이 자자했거든. 이런 어머니의 아들이니, 궁금한 것이 있으면 끈질기게 물었겠지? 얼마나 끈질기면 어머니도 내가 퍼붓는 질문 세례를 감당하기 어려워하셨다니까. 그래서 부모님은 나를 학교에 일찍 보내셨어. 그때 내 나이가 4살이었으니까 좀 이르긴 하지.

이렇게 어린 나이에 학교에 가는데, 나 역시 겁이 안 날 리가 없었지. 처음엔 매우 걱정했어. 학교에 가면 내 또래 친구도 없을 테고, 집에서 있을 때처럼 가장 좋아하는 그림 그리기도 못하고, 궁금한 것이 있으면 질문하면서 노는 것도 이젠 그만인 건가? 하고 말이지.

르 코르뷔지에, 건축가의 길을 말해 줘

그런데 정말 다행이었어. 막상 학교에 가 보니, 그림 그리기나 질문하기 말고 재미있는 것이 많더구나. 금세 쓸데없는 걱정을 했다는 것을 알게 됐지.

내가 입학한 라 쇼드퐁 초등학교에서는 프뢰벨 식 교육을 했어. 너희한테는 외국어니까 좀 어렵고 재미없는 수업처럼 들리겠지만, 이건 정말 정말 재미있는 공부란다. 아니, 공부라기보다는 놀이하는 것 같아서 집에서 놀 때보다 더 즐겁고 재미있었어. 어떻게 학교 수업이 재미있을 수 있느냐고? 믿기 어렵다고?

내가 학교에서 배운 프뢰벨 식 교육은 '프뢰벨'이란 선생님이 유치원생을 위해 만든 특별한 교육 방법이야. 책을 읽고 공부하는 게 아니라, 자유롭게 놀면서 공부하는 방법이지. 어렸을 때, 친구들 집에 하나씩 있었던 여러 가지 블록 같은 걸 바로 프뢰벨 선생님이 처음 고안하셨어. 공 모양, 정육면체 등의 나무 블록이나 점과 선을 이용하여 생각한 것을 자유롭게 만들고 표현하는 방식이지. 지금 생각해 보니, 이때 프뢰벨 블록을 가지고 논 것이 인연이 되어 건축과 쉽게 친해진 것 같구나.

건축가의 길을 선택하다

우리 가족*은 4명이었어. 등산을 좋아하시는 아버지, 피아노를

그래, 난 건축가가 될 거야!

가르치시는 어머니, 음악을 좋아해서 일찌감치 음악가가 되겠다고 한 알베르 형, 그리고 나.

형이 일찌감치 음악가가 되겠다고 했으니, 나라도 할아버지 때부터 해 온 일을 해야 할 것 같은 의무감이 들었다고나 할까? 13살 때 초등학교를 졸업한 나는 가업을 잇기 위한 공부를 하기로 했어. 아버지와 할아버지 모두 시계 문자판을 디자인하는 일을 하셨거든. 그런 분위기에서 당연히 나도 시계 제조업에 종사해야 한다고 생각했는지 몰라.

그래서 시계 장식과 조각 공예를 가르치는 라 쇼드퐁 예술학교에 입학시험을 봤어. 이 학교에 입학하려면 3일 안에 과제를 내야 하는데, 나는 첫날 저녁에 일찌감치 제출해 버렸단다. 내가 일을 미루는 성격이 아니라서 말이야. 어쨌거나 난 입학시험에 통과했고, 당당히 라 쇼드퐁 예술학교 학생이 되었지.

학교는 3년 과정인데, 2학년 때인 1902년에는 토리노 국제장식 미술박람회에 출품한 금속 세공 시계●로 메달을 받았어. 나는 이번 수상이 얼마나 자랑스러웠는지 몰라. 어쨌거나 내가 무엇인가

● 가족

● 금속 세공 시계

에 도전해서 거둔 첫 번째 성공이니까 말이야. 난 시계 장인으로 사회에 진출할 준비를 차근차근 하고 있었어.

1903년 교장 선생님께서 졸업을 앞둔 나를 부르셨어. 사랑하는 제자를 따로 격려해 주시려고 그러신가? 싶었지. 나를 가르치시던 샤를 레플라트니에Charles L'Epplatenier 선생님이 교장 선생님이 되셨거든.

"늦었지만 수상을 축하하네, 잠시 이야기 좀 할까?"

"네, 교장 선생님."

"자네, 공부를 좀 더 할 생각은 없는가?"

"공부는 더 할 생각이 있습니다."

"그럼 잘됐군. 내가 이 학교에 장식 미술 고등 과정을 새롭게 만들 생각이니, 진학해서 건축을 공부해 보도록 하게."

"교장 선생님! 갑자기 건축을 공부하라니요?"

선생님의 갑작스런 권유에 난 당황했단다.

내가 건축을 공부하기 싫어한 데는 이유가 있었어. 1900년대 초만 해도 건축은 사람이 이용하는 건물이라는 생각을 저버린 채, 외관을 치장하는 데에만 몰두하고 있었거든. 게다가 사회는 점점 기계화되고 있는데, 건축은 과거의 방식에만 집착하고 있었으니까. 건축은 뭔가 시대에 뒤떨어진 산업이라는 선입견이 있었어.

"교장 선생님, 요즈음의 건축은 사람이 사는 집인데도 신들이

그래, 난 건축가가 될 거야!

사는 신전처럼 거대하고 웅장하게 짓습니다. 왜 그렇게 짓는 거죠? 제가 보기에 건축은 갈 길을 잃은 듯합니다. 그런 건축을 공부하라고 하시니 당혹스럽습니다."

교장 선생님은 조용히, 하지만 힘이 있는 목소리로 말씀하셨지.

"자네 말이 맞네. 그러나 시계 산업도 공업화되고 있지 않나. 더군다나 손목시계가 일반화되어 가고 있는 현 시점에서 시계 산업의 미래도 그리 밝지는 않은 것 같은데? 스위스의 시계는 전통적으로 수공예 산업을 지향하지. 그런데 독일, 프랑스에서 대량 생산하고 있는 시계와 경쟁해서 이길 수 있을까?"

선생님의 말씀을 듣고 나니 조금 생각이 바뀌더라고.

'꼭 시계뿐만이 아니라 모든 산업은 어느 정도 시간이 지나면 변하기 마련이야. 영원히 그대로 있을 순 없지. 내가 시계 장인으로 산다고 해도, 때가 되면 세상의 변화에 따라 함께 변해야 하겠지? 그래, 시계가 고장 나면 시계 장인이 고쳐 주듯이, 건축을 공부해서 갈 길을 제대로 못 잡고 방황하는 건축계에 새로운 길을 찾아 주는 건축 장인이 되자!'

이렇게 생각을 바꾸고 나니, 오히려 건축은 하늘이 나한테 내려 준 일처럼 여겨지더라고. 하긴 평생을 시계 뚜껑과 씨름하며 사는 것도 썩 달가운 일은 아니기도 하고 말이야. 그래서 라 쇼드퐁 예술학교를 졸업하자마자 1904년 고등 과정에 진학해서 건축 공부

르 코르뷔지에, 건축가의 길을 말해 줘

를 시작했어. 우리는 교장 선생님으로부터 건축이나 기념물의 장식, 실내 장식을 배웠지.

그리고 1905년, 드디어 우리에게 건축학도로서 실력을 발휘해 볼 기회가 왔어. 라 쇼드퐁 예술학교 위원회 위원이신 루이 팔레 씨가 주택 설계를 의뢰하셨지.

나는 학교의 건축 교사이자 젊은 건축가인 르네 샤팔라_{René Cha-pallaz} 선생님과 함께 공동으로 생애 첫 건축물, 팔레 주택●을 설계했단다. 정말 운이 좋았어. 17살이라는 나이에 첫 주택설계를 할 수 있었으니까. 모든 것이 다 교장 선생님의 배려 덕이야. 나중에 알게 된 사실인데, 교장 선생님께서는 어린 나에게 설계를 맡기기기 위해 위원들을 설득하고 다니신 모양이더라고.

건축에 생각을 담다

내가 살던 라 쇼드퐁은 스위스와 프랑스의 국경이 맞닿은 쥐라 산맥의 고지대에 자리 잡고 있는데, 자연이 정말 아름다워. 그래

● 팔레 주택

서 팔레 저택 등을 설계할 때 창살 등의 디자인을 숲속의 나뭇가지에서 본떴지. 집 안에 있어도 마치 숲속에 있는 느낌을 낼 수 있으니까 좋지 않겠어?

그러다가 나에게 익숙한 이 마을을 벗어나 여행하기로 결심한 건, 라 쇼드퐁의 주택들을 설계하고 나서야. 처음 주택을 설계할 땐 정말 재미있었어. 내가 그린 설계도대로 건물이 똑같이 지어지니까 신기하기도 했지.

그러던 어느 날, 갑자기 '건축이 뭐지?'라는 질문이 내 머릿속을 꽉 메우는 거야. 부끄럽긴 하지만, 내가 젊은 시절 라 쇼드퐁에 건축한 몇몇의 주택을 보면 모두 비슷비슷해. 그 안에 사는 사람들은 개성이 있고, 생각도 다르고 생김새도 조금씩 다른데 말이야. 그때까지 난 건축이란 아름다운 형태를 만들어 내는 것이라고 생각했어. 그런데, '과연 건축이 아름다운 형태만을 만들어 내는 것일까?'라는 생각이 들자 너무나도 고민스러웠어. 아무리 고민해도 답을 찾을 수 없으니 여행을 떠날 수밖에. 그래서 그동안 주택설계를 해서 번 돈을 손에 쥐고 떠났단다. 내 생애 첫 해외여행이었지.

'다른 곳의 사람들은 어떤 환경에서, 무슨 생각을 하고, 어떻게 사는지 보자. 내가 만든 집이 모두 거기서 거기인 이유는, 이곳에서 태어나고 자라면서 보고 느낀 것에 한계가 있기 때문

르 코르뷔지에, 건축가의 길을 말해 줘

이다.'

조금 다른 것을 느껴 보기 위해 '떠나는 것' 그 자체가 목적인 여행이었지. 딱히 내가 건축 일을 하는데 필요한 무엇을 얻겠다고 생각하지 않았고, 사실 무얼 얻어야 하는지도 몰랐단다.

1907년 9월, 이탈리아 북부의 토스카나 지방에서 시작하여 시에나, 볼로냐, 파도바, 가르가노를 거쳐 베니스에 이르니 11월이 되었어. 약 두 달 반가량의 여정이었지.

토스카나 지방의 갈루초에 있는 샤르트르회 에마 수도원에 도착했을 때, 내가 평생 동안 고민했던 공동생활 공간에 관한 이상적인 모습을 보았단다.

'14세기에 지어진 수도원이 내 이상을 담고 있다니 놀랍군!'

수도원 건물 내부의 세 변에는 안에서 생활하는 수도사들을 위한 개별적인 '단위 생활 공간'이 배치되어 있고, 나머지 한 변은 모두가 모여서 예배를 드리는 '집단 공간'이 효율적으로 배치되어 있었지. 각자의 사적인 공간과 모두가 둘러 앉아 소통하는 공간의 뚜렷한 차이를 깨달았다고나 할까? 이러한 공간 설계는 이후에 내가 건축 설계를 할 때 기초가 되었단다. 한 가족이 사는 주택이면 몰라도 호텔, 수련회를 개최할 만한 공공건물의 경우에는 각자 일을 하거나 혼자 생각할 수 있는 개별적인 공간도 필요하고, 두 명

그래, 난 건축가가 될 거야!

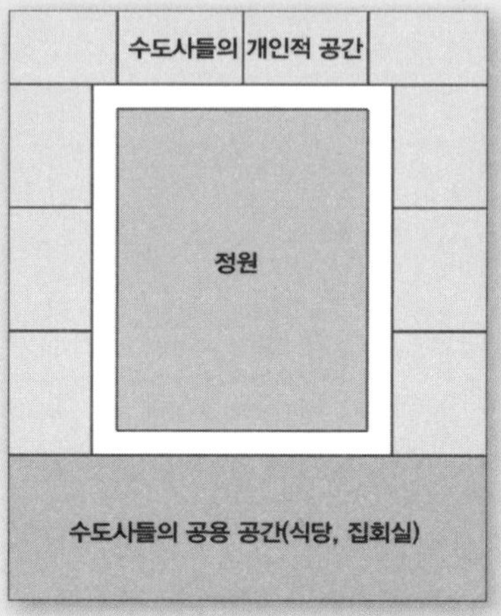

샤르트르회 에마 수도원의 평면 계획 개념도

샤르트르회 에마 수도원의 공용 공간에서 본 수도원 내부 전경

이상이 만나 이야기를 하거나 회의할 수 있는 공간이 필요하거든.

'그래, 건축은 삶을 디자인 하는 거였어!'

이 수도원은 나에게 건축이 무엇인지에 대한 대답을 깨닫게 해주었단다. 그리고 나중에 그 감동과 교훈을 실행에 옮겼지. 바로 1909년에 고등학교 동창들과 함께 창립한 연합 아틀리에 사무소 계획안에 도입한 거야.

작업장은 새로 지은 건축물이 아니라, 기존 건축물 안에 새로 인테리어를 하는 방식으로 설계했어. 피라미드 형 지붕으로 덮은 교실을 중심으로 작은 정원이 달린 작업장이 모여 있는 형태로 계획했지.

11월 이미 계획했던 여행은 끝났지만, 난 이대로 돌아갈 수 없다는 생각에 사로잡혔어. 그래서 고향으로 돌아가지 않고, 헝가리 부다페스트를 떠나 오스트리아 빈에서 4개월가량 더 머물렀지. 그러면서 라 쇼드퐁의 자크메 주택1908과 슈토처 주택1908을 설계했단다.

이 두 주택은 내가 '건축이란 무엇인가'에 대해 나만의 생각을 가지고서 만든 첫 번째 작품이라고 말할 수 있지. 겉보기에는 그 전에 만든 주택과 다르지 않았지만, 최소한 새로운 생각들이 꿈틀거리는 잠복기의 작품이란다. 이때는 샤르트르회 수도원의 가르침을 건축으로 어떻게 표현해야 할지 잘 몰랐었고, 아직 건축이

그래, 난 건축가가 될 거야!

무엇인지에 대한 답을 다 찾은 것이 아니었어. 게다가 건축은 큰 규모의 건축물보다는 주택 설계가 더 어렵단다. 아직 건축이 무엇인지도 모르는 젊은 시절에 주택을 만들었는데, 좀 부족한 거야 당연한 거 아니겠어?

건축으로 소통하다

젊은 시절 작품에 그렇게 자신이 없냐고? 솔직히 말하면, 그래. 웬만해서는 초창기에 설계한 건축물에 대해서는 이야기하고 싶지 않아. 딱 한 작품만 빼놓고는.

바로 1916년에 라 쇼드퐁에 건축한 시워브 주택*이란다. 초창기 주택 중 유일하게 내가 직접 잡지를 통해 많은 사람에게 소개한 작품이지. 이 건축물은 비례가 주는 아름다움을 표현하기 위해 좌우대칭으로 디자인했어. 그리고 과감하게 디자인하기 위해 창문은 2층 높이로 하고, 2개의 거실은 반원형으로 크게 돌출시켰지.

시워브 주택 설계에도 흠은 있어. 과유불급이라고 해야 할까?

* 시워브 주택

반원형 돌출부를 너무 강조한 나머지, 사각형으로 디자인 된 건물의 다른 부분과 조화를 이루지 못해 촌스럽다는 소리를 듣기도 했단다. 뭐, 시각이야 저마다니까 그런 지적은 받아들일 수 있어. 내이름을 알리게 된 롱샹 순례자 성당이나, 마르세이유 집합 주거 단지에 비하면 시시해 보일 수도 있지. 누구에게나 처음은 있잖니? 혼자 해 낸 첫 작품이니, 그것만으로도 내게는 의미가 있단다.

사실 시워브 주택의 디자인은 내가 터키로 여행을 갔을 때 그곳의 전통 목조 주택인 코나크에서 아이디어를 얻었어. 누군가는 닭장 같다고 흉보기도 했지만, 내 눈에 코나크는 걸작으로 보였단다. 난 코나크를 내 건축 어딘가에 꼭 써먹으리라 다짐했어. 그걸 바로 시워브 주택을 지을 때 선보인 거지. 그런데 디자인을 하고 나니 '사람들은 내가 코나크에 감동해서 도입한 디자인에 어떤 반응을 보일까? 알아봐 주기는 할까?' 하는 걱정이 생기더라고. 주택이 완성된 후, 고맙게도 사람들은 '터키 마을'이라고 불러 주더구나.

'내가 터키에서 느꼈던 점을 사람들에게 제대로 전달했구나!'

시워브 주택이 내 최고의 작품은 아니지만, 이 건축물을 설계하면서 난 건축을 통해서 사람들과 소통할 수 있다는 것을 알게 되었단다.

그래, 난 건축가가 될 거야!

으쌰으쌰,
건축을 배우자

"프랑스에는 두 명의 건축가가 있다.

다른 한 사람이 르 코르뷔지에이다."

오귀스트 페레, 마르세이유 집합 주거 단지 방문 시

건축물을 통해 사람들과 소통할 수 있다는 것을 알게 된 잔느레는, 건축에 대해 좀 더 알아보기 위해 프랑스와 독일의 건축 사무소에서 일을 배웁니다. 그리고 그곳에서 건축가는 항상 아름다운 건축물만 짓는 사람이 아니며, 때때로 사람들의 고정 관념과도 싸워야 하고, 기업의 이미지도 만들어 주는 일을 할 수 있다는 것을 알게 되지요.

건축가가 하는 일의 경계는 어디까지 뻗어 있을까요?

르 코르뷔지에, 건축가의 길을 말해 줘

아름다운 것이 좋은 건축일까?

무작정 떠난 첫 여행에서 '건축은 사람이 사는 공간을 디자인하는 것'이라는 점을 깨달았지만, 거기서 만족하기에는 뭔가 아쉬움이 남았어. 내가 놓친 것이 있지 않을까? 다른 곳으로 여행을 가면 또 새로운 것을 느낄 수 있지 않을까? 여러 가지 생각으로 머릿속이 복잡한 채 지내느니, 다시 여행을 떠나기로 결심했지.

1908년 3월, 첫 번째 여행의 마지막 경유지였던 빈을 떠나 뉘른베르크, 뮌헨, 낭시를 거쳐 파리에 도착했단다.

"외젠 그라세Eugène Samuel Grasset● 선생님 계십니까?"

이 만남은 내 건축 인생의 새로운 장을 열기 위한 두드림이었단다. 파리에서 만난 그라세 선생은 새로운 건축을 찾고 있는 나에게 오귀스트 페레Auguste Perret●를 만나 보라고 충고해 주셨지.

'도대체 오귀스트 페레라는 사람이 어떤 인물이기에 그라세 선생이 꼭 만나 보라고 하는 걸까?'

이런 저런 궁금증을 안고 페레 형제의 사무실로 찾아갔어.

● **외젠 그라세**(1841~1917) 스위스 태생의 장식미술가. 주로 파리에서 활동했습니다.

● **오귀스트 페레**(1874~1954) 프랑스의 건축가. 철근 콘크리트를 사용하는 근대의 새로운 건축 양식을 추구했습니다. 프랭크린 가 아파트(1903), 퐁튀 가 가레지(1950), 샹젤리제 극장(1911~1914), 파리 공공 사업 박물관(1939) 등을 설계했습니다.

그래, 난 건축가가 될 거야!

오귀스트 페레 씨는 나보다 3살 많은 벨기에 태생의 프랑스 건축가인데, 동생인 구스타브 페레와 함께 프랑스에서 설계 사무소를 운영하고 있었어.

"저는, 잔느레라고 하는 스위스 건축가입니다. 건축에 관한 두 분의 이야기를 듣고 싶어서 찾아왔습니다."

"아, 그래요? 우리는 철근 콘크리트*로 집을 짓습니다."

난 너무나도 놀랐어.

페레 씨의 말투가 마치 전투에서의 폭발음처럼 쩌렁쩌렁 울려서 그렇기도 했지만, 당시에 철근 콘크리트로 건축한다는 것은 전투를 하는 것처럼 어렵고 힘든 일이었거든.

철근 콘크리트로 건축하는 게 왜 그렇게 어렵고 힘드냐고? 새로운 건축 기술이기 때문에 건축 현장에서 예상치도 못한 일이 자주 벌어지고, 그것 때문에 맘을 졸여야 했거든. 그뿐이 아니야. 새로운 건축 기술을 바라보는 사람들의 편견과도 싸워야 했으니, 전쟁이라 부를 만하지.

●콘크리트 콘크리트라는 단어는 라틴어 'concretus'에서 유래한 것으로 '꽉 들어찬', '농축된'이란 뜻을 가지고 있습니다. 콘크리트는 고대 로마 건축에서 구조물의 접착용으로 많이 사용되었는데, 아치나, 돔, 아치로 지붕 공간을 구성하는 볼트 등에 이용했습니다. 이러한 콘크리트에는 큰 약점이 있었습니다. 누르는 힘(압축력)에는 잘 견디는데, 잡아당기는 힘(인장력)에는 약했지요. 집은 누르는 힘과 잡아당기는 힘에 모두 견뎌야 하는데, 콘크리트는 그런 점에서 집 짓는 재료로 적합하지 않았습니다. 그런데 19세기 중반부터 콘크리트 안에 잡아당기는 힘에 강한 철근을 넣음으로써, 누르는 힘과 잡아당기는 힘에 모두 견디는 철근 콘크리트로 건축할 수 있게 되었지요.

르 코르뷔지에, 건축가의 길을 말해 줘

콘크리트에 대한 사람들의 거부감이 얼마나 심했는지는, 당시 프랑스의 국립미술학교인 '에콜 데 보자르'에서 있었던 일화를 통해 잘 알 수 있어.

건축 시공 수업 시간에 담당 교수님이 아프서서 파리 지하철 주임 기사가 대신 수업에 들어갔다고 해. 그리고 철근 콘크리트 사용법에 관하여 강의를 하려고 하자, 학생들이 "우우우" 하는 야유와 함께 "우리를 토목 공사업자로 취급하는 거요?"라며 큰 소란을 피우고 수업을 거부했단다.

이런 상황인데도 페레 형제가 세상과 맞서 당당히 싸우고 있는 것을 보고, 난 머리를 한 대 얻어맞는 것 같았어.

'바로, 이거야. 사람들이 거세게 야유를 퍼부어도 필요 없는 장식은 하지 않는 솔직한 건축! 이거야 말로 내가 찾는 건축이야!'

"제게 철근 콘크리트 기술을 가르쳐 주시겠습니까?"

그날로 난 페레 형제의 사무실에서 반나절은 건축 제도 기사로 일하면서 철근 콘크리트 건축술을 배우기로 했단다. 나머지 시간은 강의를 듣거나, 도서관, 박물관을 찾아다니면서 부족한 공부를 했지. 그야말로 주경야독이었어.

이 책을 읽는 친구들이 주변에서 흔히 보는 대부분의 건축물은 철근 콘크리트로 지어져 있지? 그래서 별로 놀랄만한 일이 아니라고 생각할지도 몰라. 하지만, 당시에 철근 콘크리트로 고층 건

그래, 난 건축가가 될 거야!

축물을 건축하는 것은 획기적인 신기술이었어.

이해가 안 가는 친구들을 위해 좀 더 설명해 줄게.

고대의 인류는 돌이나 벽돌 등을 쌓아 올려서 건물을 지었단다. 이걸 조적식 건축법이라고 불러. 조적식 건축법은 벽과 바닥이 건축물을 지탱하기 때문에 벽체에 함부로 창문을 뚫을 수가 없지. 그랬다간 집이 무너질 수도 있었거든. 그래서 옛날에 지어진 유럽의 고전 건축물 내부가 매우 어두운 거란다.

게다가 조적식 건축법으로는 건물을 높이 짓기도 어려웠어. 그러니 집이 필요해도 구할 수 없는 사람이 많았지.

그런데 페레 형제는 기둥을 사용해 벽을 지탱하게 만든 거야. 벽은 건축물을 지탱해야 한다는 무거운 짐을 벗었고, 사람들은 벽에 창문을 맘대로 뚫을 수 있게 되었단다. 창문이 많으면 햇빛도 많이 들어오니까 사람들은 밝은 공간에서 쾌적하게 생활할 수 있게 된 거야.

그뿐인 줄 아니? 기둥을 세우고 바닥을 얹고, 그 위에 또 기둥을 세우고 바닥 얹기를 반복하면서 고층 건물도 지을 수 있게 됐어. 당연히 많은 사람이 집을 가질 수 있었겠지?

건축이 무엇일까를 고민하던 내게, 철근 콘트리트 건축을 행동으로 보여 준 페레 형제는 채찍과 같은 존재였단다. 그 채찍은 나를 새로운 고민에 빠뜨렸지.

건축 공부를 처음부터 다시 시작하다

페레 형제를 만나기 전까지, 난 아름다운 건축이 진정한 건축이라고 생각했어. 그런데 장식적이지 않다는 많은 사람의 비난을 무릅쓰고 콘크리트를 건축에 도입한 페레 형제를 보면서, 건축이 장식에만 치우치는 것보다는 사람이 편리하게 사용할 수 있도록 해야 하는 게 아닐까 하는 생각이 들었지.

이런 솔직한 마음을 담아서 나를 건축의 세계로 이끈 레플라트니에 선생님께 편지를 썼어.

레플라트니에 선생님께

제게 건축의 길을 가라고 하신 것은 옳은 판단이셨습니다.

그러나 페레 형제 사무실에서 일하는 동안 건축과 건축가의 역할에 관해 새로운 생각을 하게 되었으며, 그것은 선생님의 가르침과 상당히 거리가 멀었습니다.

선생님의 가르침처럼 건축이 오로지 순수하게 아름다운 형태만을 만드는 것은 아닌 것 같습니다.

요즈음 혼잣말을 자주 합니다.

'불쌍한 친구! 너는 아직 아무것도 몰라. 게다가 더욱 한심한 건 네가 뭘 모르는지 모른다는 거야.'

그래, 난 건축가가 될 거야!

이것이 저의 엄청난 고민입니다. '내가 뭘 모르는지 모른다!'

로마네스크Romanesque[*] 양식을 공부한 뒤 저는 건축에서 중요한

건 형태의 조화가 아닌 다른 무엇이라고 생각하게 되었습니다.

그렇다면 그게 무엇일까요?

이것을 누구에게 물어봐야 합니까?

저는 지금 페레 형제와 함께 일을 하고 있지만, 쉽게 물어볼 용기

가 나지 않습니다. 왜냐하면 그들은 저에게 '너는 건축에 대해 충

분히 알고 있어.'라고 듣기 좋은 말만하기 때문입니다.

저는 그 말에 부끄럽지 않기 위해 부지런히 공부하고 있습니다. 3

개월 동안 밤마다 도서관에서 로마 인에 관해 연구했고, 이곳 미

술학교에서 샤를마뉴 시대의 고딕Gothic[*] 양식에 관한 강좌도 들

었습니다. 그리고 드디어 깨달았습니다.

'나는 아무것도 모른다.'

＊ 로마네스크 1050~1150년에 걸쳐 서유럽에 지어진 건축물 양식. 로마 건축의 특성을 띤 건축물들을 가리키기 위해 19세기에 처음 사용된 용어입니다. 10세기 후반 유럽에서 발전된 건축 양식으로, 로마식 둥근 아치를 사용하는 중세 고딕 이전의 건축 양식입니다. 건축물은 매우 육중하며, 내부는 어둡고 무겁고, 큰 탑을 사용하고, 대칭적으로 디자인한다는 것이 특징입니다.

＊ 고딕 13~15세기에 북 프랑스를 중심으로 유럽에 퍼진 미술 양식으로, 르네상스 시대 비평가들이 이름 붙였습니다. 르네상스 시대 비평가들은 대리석이나 조각, 그림 등으로 건축물을 장식하는 고대 그리스 건축이나 로마 시대 건축을 건축의 표준이라고 생각했는데, 북유럽 종족인 고트 족(Goths)의 건축물은 그와 달리 높고 스테인드글라스로 장식된 사원이 많았습니다. 고딕 양식의 건축물을 외부에서 보면, 포인티드 아치, 플라잉 버트레스가 있고, 내부에서는 리브 볼트가 큰 특징으로 나타납니다. 특히, 플라잉 버트레스는 건축물의 무게를 덜어 주어 건축물을 높이 지을 수도 있고 내부에 큰 창을 만들 수도 있게 해 준답니다. 그래서 우리가 스테인드글라스를 꽃잎 모양으로 장식한 장미창을 볼 수 있는 거예요.

르 코르뷔지에, 건축가의 길을 말해 줘

저는 부족한 것을 벌충하려 기계 역학, 통계학도 공부했습니다.
진땀날 정도로 어려운 공부였습니다. 수많은 시행착오를 통해 내
린 결론은 "기본으로 돌아가라"였습니다. 그래서 요즘은 수학을
공부하고 있습니다. 수학은 어렵지만 아름답습니다. 논리적이고
완벽합니다. 제가 찾던 건축이 여기에 있는 것 같습니다.
보편타당하고, 질서 있고, 논리적인 아름다움!
상황이 달라지지 않는다면 저는 더 이상 선생님의 의견에 동의하
지 않을 겁니다.

1908년 11월 22일

사랑하는 제자 샤를 에두아르 잔느레 올림

페레 형제 사무실에서 일하는 동안 레플라트니에 선생님이 가
르쳐 주신, '건축은 아름다워야 한다'와 현대 건축의 실제 상황은
다르다는 사실을 알고 많이 방황했어. 친구들도 가끔 어른들이랑
얘기할 때 학교에서 배우던 것과 다르게 얘기하면 당황스러운 적
있었지? 나도 그와 비슷한 기분이었단다. 아니, 그보다 더 충격이
심했지. 내가 절대적으로 믿고 따르던 스승님이 해 주신 말과 현
실의 차이가 컸기에 그 충격은 이루 말할 수 없었어. 캄캄한 바다
에서 등대 없이 항해하는 기분이었다고나 할까?
하지만 레플라트니에 선생님을 원망하거나 건축을 포기하고 싶

그래, 난 건축가가 될 거야!

1100년. 대표적인 로마네스크 양식인 프랑스 앙굴렘의 성 베드로 성당

1194~1460년. 대표적인 고딕 양식인 프랑스 샤르트르 대성당.
뾰족하게 솟아 있는 기둥들은 외벽의 무게를 지탱하는 플라잉 버트레스이다.

은 마음은 없었어. 선생님이 느끼시던 건축과 내가 느낀 것이 다를 뿐이라고 생각했지. 그리고 세상이 다르게 변하고 있다면, 나도 그 변화를 알려고 공부하는 게 맞지 않겠어? 내가 아무 것도 모른다는 것을 알았으니, 이제 닥치는 대로 건축과 관련된 공부를 하는 것이 남았을 뿐이었어.

페레 씨가 학위를 받은 '에콜 데 보자르'에서 건축사 수업을 듣기도 하고, 노트르담 대성당의 구석구석을 자세히 공부했단다. 각 건축물이 어떻게 다른지 공부하기 위해 스케치북에 그림을 그리며 미술관에서 여러 날을 보내기도 했지.

그렇게 여러 날을 보내던 나는 결국, 건축이 무엇인지 나름의 답을 얻었어.

'건축이란, 기술적으로 현실에 구현할 수 있는 것과 여러 가지 요구 사항을 담은 계획이 충돌할 때 발생하는 문제를 논리적인 과정으로 해결하는 것이다.'

그리고, 나처럼 자신이 무엇을 공부해야 하는지도 모르고 고군분투하는 건축가 후배들을 위해 등대가 되기로 결심했지. 어린 시절 길을 잃은 건축계에 길을 찾아 주겠다는 포부를 이제야 실천할 수 있게 된 거야.

그래서 여러 가지 새로운 건축 발명을 했는데, 그럴 때마다 사람들은 내 발명을 탐탁지 않게 생각하더라고. 그 이유는 여러 가

르 코르뷔지에, 건축가의 길을 말해 줘

지가 있었지만 좌절하지 않기로 했어.

숲에 난 길을 따라가는 것은 너무나 쉽지만, 새로 만들려면 나뭇가지도 쳐내야 하고, 땅이 고른지 살피면서 가야 하잖아? 난 건축이라는 숲에 새로운 길을 내는 사람이니 당연히 그 길은 험난할 수밖에. 오히려 각오를 단단히 다지는 계기가 되었지 뭐.

건축가가 이런 일도 하는구나!

페레 형제 사무실에서 일하는 동안 건축에 관해 굉장히 많은 것을 배웠어. 하지만 어릴 때부터 '질문 왕'으로 불린 내가 거기에 만족하겠어? 그래서 페레 형제의 사무실을 떠나 1909년 고향으로 돌아왔단다. 기나길었던 여행이 비로소 끝난 셈이지.

난 고향으로 돌아오자마자 주택 두 채를 지었어. 그리고 나니 본격적으로 일할 공간이 필요했지. 그래서 예술학교 동창들을 불러 모아 1910년 연합 아틀리에 사무소를 열었단다. 연합 아틀리에를 열자마자 교회 건축, 가구, 장신구 등 건축 의뢰가 쉴 새 없이 몰려들었어. 하지만 난 이곳에 오래 머물 수가 없었단다. 예술학교로부터 의뢰를 받아 독일공작연맹Deutscher Werkbund에 대한 연구를 하러 독일로 떠났거든.

처음엔 원래의 출장 목적 대로 예술 산업과 관련된 수많은 도

그래, 난 건축가가 될 거야!

피터 베렌스와 그가 디자인한 아에게 로고(1908)

아에게 사 선풍기(1908)

아에게 사 주전자(1909)

시와 기업을 방문하고 〈독일의 장식 예술 운동에 관한 보고서〉를 작성해서 라 쇼드퐁에 보낸 후, 독일 여행을 잠깐 하고 고향으로 돌아가려고 했단다. 그런데 놓칠 수 없는 기회를 만났지 뭐야. 독일공작연맹에 소속된 피터 베렌스Peter Behrens● 씨의 작업실을 방문했다가 또 다른 건축의 세계를 보았거든.

이곳에서는 대기업이 건축에 제기하는 여러 가지 문제를 어떻게 해결하는지를 알게 되었지. 그러곤 베렌스 씨의 사무실에서 1910년 9월에서 1911년 3월까지 5개월간 근무했단다.

베렌스 씨는 1907년부터 1914까지 독일 전자 제품 회사인 아에게AEG의 디자인 관련 고문으로 일했어. 아에게의 로고뿐 아니라 생산품 디자인까지, 건축가가 기업 이미지를 만드는 역할도 할 수 있다는 가능성을 발견하고는 깜짝 놀랐지.

'건축가가 기업의 이미지도 디자인해 주다니! 건축가가 하는 일에 한계는 없구나!'

● **독일공작연맹** 1907년 헤르만 무테지우스가 중심이 되어, 독일의 미술, 공업, 수공예 분야의 전문가들이 협력하여 규격화된 기계 생산품을 만들어 냄으로써 질적 향상을 도모한 단체입니다. 예전에 건축가는 개인 건축주의 요청에 따라서만 건축을 했는데, 산업 혁명이 일어난 직후 급성장한 기업이 새로운 건축주로 떠올랐습니다. 그에 대한 요구를 이 단체가 충족시켰답니다.

● **피터 베렌스**(1868~1940) 독일의 건축가이자 디자이너. 전기회사 아에게(AEG)의 디자인 책임자가 되어, 유명한 아에게 터빈 공장(1909)을 비롯한 여러 건축, 제품 디자인 등에서 고전적 형태와 근대 합리주의의 융합을 실현함으로써 다가올 기계 공업 사회에서의 디자인과 디자이너로서의 가능성을 입증했습니다. 이 밖에도 페테르부르크의 독일대사관(1911~1920), 헥스트 염료 공장(1925) 등도 설계했어요.

그래, 난 건축가가 될 거야!

드디어 찾았다! 내가 하고 싶은 건축

내가 스스로에게 부여한 나의 의무, 나의 연구 과제는 이 시대 사람들을 불행과 재난으로부터 막아 주고 그들에게 행복과 일상생활에서의 기쁨, 조화를 가져다주려고 노력하는 것이다.

르 코르뷔지에

건축가가 도전하는 모든 것이 건축가의 일이 된다는 것을 배운 잔느레는 자신만의 건축을 하기 위해 가장 중요한 것이 무엇일지를 고민하게 됩니다. 스위스에서는 비교적 건축가로 이름도 꽤 알려져 있었지만, 거기에 만족하지 않고 새로운 도전을 위해 새로운 것을 배우러 떠났지요.
그가 여행에서 찾은 '자신만의 건축 비밀'은 무엇이었을지 함께 따라가 볼까요?

르 코르뷔지에, 건축가의 길을 말해 줘

빛을 배우다

내 나이 24살 때인 1911년 5월, 친구가 나에게 물었어.

"이봐, 여행가지 않으려나?"

"나야 좋지만, 무슨 좋은 계획이라도 있는 거야?"

"논문 준비도 할 겸 부다페스트와 부카레스트에 가려는데, 혼자 가기는 좀 그래서."

"좋아, 나도 아시아 여행은 해 보지 않았는데, 잘 됐군."

한 번도 가 본 적 없는 아시아에 간다는 마음으로 별 기대하지 않고 가볍게 떠난 여행이었어. 하지만 세 번째 여행은 나에게 가장 큰 깨달음을 주었지.

첫 번째 깨달음은 내가 건축에 관해 모르는 것이, 전에 알고 있던 것보다 훨씬 많다는 걸 알게 된 점이야. 서당 개 삼 년이면 풍월을 읊는다고 하지만, 그건 다른 사람이 잘 닦아 놓은 길을 가는 사람에게나 해당되는 거지. 스스로 새로운 길을 만들려는 나에게 나만의 건축 방법을 찾는 건 성공할 수 있을지 없을지도 모르는 모험을 하는 거나 마찬가지였단다. 그래서 이번엔 베를린에서 루체른에 이르는 좀 더 긴 여행을 떠나기로 했단다.

베렌스 씨의 사무실에서 5개월 동안 일해서 번 돈을 이번 여행에 다 털어 넣었어. 이번 여행에는 미술사를 공부하는 대학원생

그래, 난 건축가가 될 거야!

친구도 있었는데, 역사에 관심이 많은 나와 의견이 잘 맞았지.

처음엔 여행 기간을 길게 잡지는 않았어. 하지만 여행 도중 계획이 바뀌어 아예 발칸 반도를 순례하게 되었단다. 철저하게 준비하고 떠나는 여행은 시행착오를 줄이고 적은 비용으로 많은 것을 견학할 수 있다는 장점이 있지만, 나의 세 번의 여행이 그랬듯이, 때로는 구체적인 계획 없이 큰 목적 하나만 잊지 않고 떠나도 많은 깨달음을 얻을 수 있단다. 시간과 비용이 여유가 있다면 친구들에게 추천하고 싶구나.

사람들은 건축물을 볼 때면 감추어진 의미보다 겉모습만 보는 경향이 있어. 그래서 난 사람들이 건물을 처음 봤을 때와 두 번, 세 번 봤을 때 계속 다른 것이 보이는, 이를테면 숨은 그림 찾기를 하는 재미를 주는 건축물을 만들고 싶었단다.

"저 성당 마치 모자를 쓴 남자의 뒷모습 같지 않아?"

"에이, 난 오리처럼 보이는 걸?"

"아니야, 성당이니까 기도하는 두 손을 표현한 걸 거야."

● 롱샹 순례자 성당

1950년부터 1954년까지 내가 건축한 롱샹 순례자 성당*을 보면서 사람들은 이런 이야기꽃을 피운단다. 하지만 아쉽게도 사람들의 추측은 빗나갔어. 난 성당에 자연의 위대한 건축술과 다양한 빛을 담고 싶었어. 그래서 성당의 지붕은 1946년 미국 롱아일랜드에서 주운 게딱지의 모양을 본떴어.

가장 어려운 것은 성당 건물 안으로 빛을 담는 방법이었어. 이 방법은 티볼리 근교의 빌라 아드리아나*를 방문했을 때 영감을 얻었어. 바위에 조각된 소의 신 세라피스Serapis 사당 뒤쪽 양면 벽의 벽감*에 대한 자연 조명 방식에 큰 감명을 받았단다.

이 벽감 천장에는 신비로운 구멍이 뚫려 있어. 그 구멍을 통해 위에서 빛이 쏟아져 내리지. 단지 빛이 쏟아져 내리기만 했을 뿐인데 그 공간은 신성한 기운이 감돌아서, 저절로 신을 숭배하고 기도하고 싶은 마음이 들 정도였어. 언젠가는 이렇게 빛을 디자인해 보리라 맘먹고, 난 아드리아나의 벽감을 꼼꼼히 스케치해 두었단다. 그리고 드디어 롱샹 순례자 성당을 설계할 때 실천에 옮겼어. 잠망경처럼 보이는 빛 굴뚝을 만들어서 '빛의 대포'를 디자인

●**빌라 아드리아나** 이탈리아 티볼리에 있는 로마 황제 하드리아누스의 별장으로, 하드리아누스가 직접 설계하고 감독을 맡았습니다. 125년에 공사를 시작하여 135년에 완성했고, 분수, 석상, 운하, 수영장, 극장, 도서관, 신전, 목욕탕 등의 다양한 시설이 구비되어 있습니다. 1999년 유네스코에서 세계문화유산으로 지정했어요.
●**벽감** 장식을 위하여 벽면을 오목하게 파서 만든 공간으로, 등잔이나 조각품 따위를 세워 둡니다.

그래, 난 건축가가 될 거야!

한 거야.

난 지중해 여행을 하면서 홀딱 반해 버렸단다. 어린 시절 쥐라 산맥의 컴컴한 전나무 숲과 안개에 싸인 계곡도 물론 멋있었지만, 그것과는 또 다른 느낌이었지.

지중해와 발칸 반도의 이름 없는 건축가들이 지은 건축물을 통해 나는 기하학적 형태, 빛이 만들어 내는 공간의 풍요로움, 건축 배경으로서 조경을 이용하는 방법을 배웠어.

나의 건축 인생에 있어 '태양 빛'은 어떻게든 풀어야 할 숙제가 되었단다. 그 문제를 잘 풀면 좋은 건축 작품이 탄생하고, 그렇지 못하면 고통으로 몸부림 쳤지. 하지만 그건 애정이 바탕이 된 거야. 얼마나 태양 빛을 사랑했으면, 내 무덤도 지중해가 내려다보이는 언덕 위에 설계를 했겠니? 태양이 나에게 던진 문제를 푼 이야기는 나중에 더 자세히 들려줄게.

이렇게나 아름다운 비율이라니!

여행의 마지막 경유지는 파르테논 신전이었어. 신전은 화약을 얼굴에 뒤집어 쓴 전장의 군인처럼 쓰러져 있었지. 파르테논 신전은 1687년 화약고가 폭발하면서 무너져 내려앉았거든. 하지만 그곳에서 난 세상에서 가장 아름답고 멋진 음악을 들었어. 정확하고

르 코르뷔지에, 건축가의 길을 말해 줘

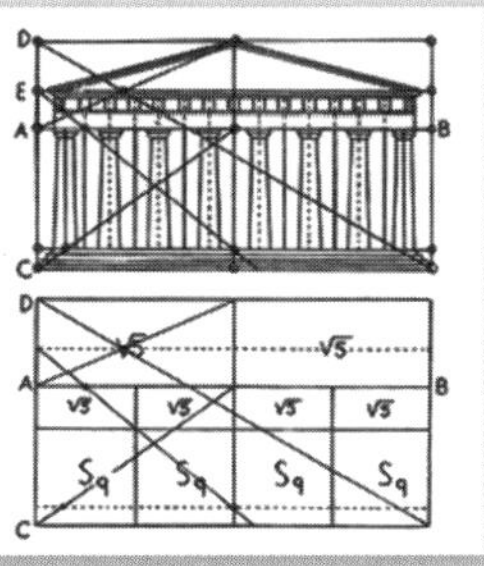

BC 448~432년. 익티노스와 칼리크라테스. 아크로폴리스에 있는 파르테논 신전(왼쪽)과
이를 설계하는 데 이용한 입면의 황금비례(오른쪽).

1550~1554년. 안드레아 팔라디오. 이탈리아 비첸차에 있는 빌라 로툰다(오른쪽)와
이를 설계하는 데 이용한 평면도 황금비례(왼쪽)

아름다운 비례가 만들어 내는 조화로운 소리랄까?

비율의 아름다움을 발견한 건 파르테논 신전뿐만이 아니었어. 이탈리아 베네토 지방에 있는 안드레아 팔라디오의 작품 빌라 로툰다에서도 완벽한 비례*가 보여 주는 아름다움을 발견했지.

비례가 왜 그렇게 중요한 거냐고?

'보기 좋은 떡이 먹기도 좋다'는 옛말이 있지? 물론 건축가의 역할이 건축물의 형태를 아름답게 만드는 것에만 국한되는 건 아니지만, 이왕이면 아름다운 게 좋지 않겠어?

이렇게 해서 아시아 여행을 마쳤어. 사람들이 여행을 떠나는 이유는 자신의 일상에서 벗어나 새로운 자극을 위해 떠나는 것이지만, 나에게는 거기에 한 가지 의미가 더 있었어. 내가 모르고 있던 건축 재료를 채집하는 지름길! 같은 곳을 여러 번 여행하면서 새로움을 느끼는 것도 좋은 방법이지만, 나라마다 독특한 문화와 자연이 주는 빛과 색, 그야말로 자연에 꾸밈없이 노출된 건축 아이디어 속에서 나만의 보물을 찾아낼 수 있기 때문이지.

* **완벽한 비례**(황금비례) 그리스 인이 발견해 신전이나 예술품을 제작할 때 적용했던 비례입니다. 1:1.618(√5)의 비율을 가지지요. 특히 시각적 아름다움을 표현하는 도형이나 입체 등에서는 이 비례를 많이 이용했는데, 비례가 주는 아름다움이 얼마나 절대적이었으면 고대에는 '신성 비례'라고 불릴 정도로 중요시 되었답니다.

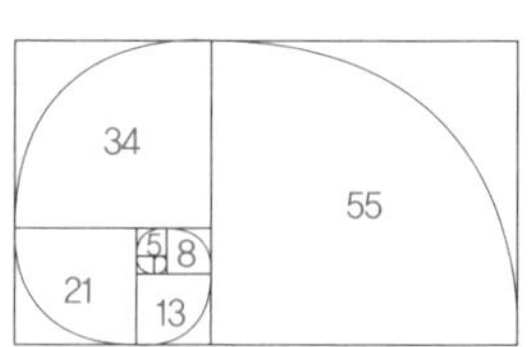

이번 아시아 여행을 통해 나는 공동 주택 건축을 위한 공간 구성 원리, 빛, 비례라는 건축 재료 세 가지를 건져 올렸단다. 내가 건져 올린 이 세 가지 건축 재료를 가지고 앞으로 어떻게 건축을 했을지 기대되지 않니?

변화의 소용돌이를 온몸으로 겪다

나를 건축가의 길로 이끌어 주신 레플라트니에 교장 선생님은 1911년 고등과를 '신설과'로 바꾸기로 하셨어. 사회의 변화에 따라 예술과 공업을 접목시키시려는 계획이었지. 물론 건축도 전문적으로 가르치고 말이야.

그런데 학교를 지원하는 위원회 소속 사람들은 극렬하게 반대하고 나섰단다.

"우리 학교는 전통적으로 시계 산업에 이바지할 장식 미술을 가르치는 학교요. 건축과 따위는 필요 없소. 만일 건축과를 계속 유지한다면, 학교 지원은 없을 줄 아시오!"

겉으로는 학교의 정통성을 해쳐서 교육적으로 나쁘다는 것이 이유였지만, 사실 사회의 변화를 받아들이고 싶지 않았기 때문이란다. 라 쇼드퐁 예술학교 위원 대부분이 시계 산업에 종사하는 사람들이었거든.

그래, 난 건축가가 될 거야!

그럼에도 교장 선생님은 위원회의 반대를 무릅쓰고 '신설과'를 개설하셨지. 지원도 없이 신설과를 개설하는 건 이만저만 어려운 일이 아니셨을 거야. 게다가 당장 가르칠 선생님이 없다는 것도 가장 큰 문제였단다. 고등과에선 레플라트니에 선생님 혼자서 학생들을 가르치셨는데, 신설과로 바꾸면서 다양한 분야를 가르칠 선생님이 필요했지. 지원이 부족하니 어찌어찌 해서 선생님들을 모신다 해도 수업료도 제대로 지불할 수 없는 상황이었어.

결국 레플라트니에 선생님은 고등과를 졸업한 사람 중 가장 활동적인 세 사람을 부르셨단다. 바로, 건축가이자 조각가로서 이름을 날리고 있는 오베르와 파리의 건축 사무실에서 한창 활발하게 활동하는 페란, 그리고 나였어.

페란은 이 당시 엑토르 기마르Hector Guimard● 건축 사무실에서 책임자로 일했어. 이 사무실은 1902년부터 모든 파리 지하철역 출구의 디자인을 담당했어. 지하철역 출입구 디자인이 모두 끝난 것이 1913년이니까 이때 사무실은 무척 바빴을 거야. 게다가 지하철 출구는 아르누보Art Nouveau● 양식으로 디자인했기 때문에 페란 같은 조각가가 반드시 필요했지. 그러니 페란이 사무실을 그만두

● **엑토르 기마르**(1867~1942) 프랑스의 건축가. 아르누보 양식이 지배적이던 때에 독자적인 작품을 많이 선보였습니다. 대표 작품으로, 파리 지하철 역사(1899~1913)와 앙베르 드 로망 음악당(1901)이 있습니다.

르 코르뷔지에, 건축가의 길을 말해 줘

1902년, 엑토르 기마르가 설계한 아르누보 양식의 파리 지하철역사.
파리에선 지하철을 '메트로'라고 한다.

겠다는 이야기를 하기는 쉽지 않았으리라는 건 짐작하고도 남아.

페란은 많은 고민을 했지만 결국 스승의 부름을 거절할 수 없었기에 기마르 사무실을 그만 두고 라 쇼드퐁으로 왔단다.

그리고 교장 선생님은 나에게 편지를 보내셨지.

잔느레 군!

자네의 아시아 여행을 담은 잡지를 통해 실감나게 전해 듣고 있네.

자네의 글을 읽고 있으면, 마치 내가 그곳에 있는 듯 생생하게 느낌이 전해져 오더군.

나는 지금 자네의 도움이 절실히 필요하네. 이제 여행을 마무리하고 내게로 와 주지 않겠나?

교장 선생님의 연락을 받고 더 이상 여행을 할 수 없었어. 페란도 큰 결단을 내렸는데, 나만 여행을 끝내겠다고 거절하는 건 도리에 어긋난다고 생각했지.

● **아르누보** 프랑스 어로 새로운 예술이란 뜻입니다. 산업 혁명 이후 기계에 의해 대량 생산된 제품 디자인에 예술성이 결여된 것에 반발하여 1890~1910년 사이 유럽에 등장한 표현 양식이에요. 독일에서는 '유겐트 양식'으로도 불립니다. 프랑스의 경우에는 아르누보 양식의 선봉에 있던 기마르의 이름을 따서 '기마르 양식'이라고 부르기도 합니다. 아르누보는 직선보다는 구불구불한 곡선을 이용하고, 좌우대칭보다는 비대칭 디자인을 선호하는 것이 특징입니다. 그래서 아르누보 양식을 보고 있으면 꽃봉오리나 포도넝쿨 같은 식물의 모습이 연상됩니다.

르 코르뷔지에, 건축가의 길을 말해 줘

그렇다고 내가 학생들을 가르치겠다고 생각한 적은 없었어. 내게 가르칠 자격이나 능력이 있는지도 의심스러웠거든. 마음 같아서는 교장 선생님의 제안을 정중히 거절하고 싶었지만, 스승님이 부르시는데, 편지로 거절할 수는 없는 일 아니니. 거절을 하더라도 일단 선생님을 찾아뵙고 말씀드려야겠다고 생각했지.

1911년 9월 고향으로 돌아오니 정중한 거절은 할 수 없었어. 난 이미 라 쇼드퐁 예술학교의 신설과 교수로 임명되어 있었거든.

"선생님! 저는 학생을 가르칠 준비도 되어 있지 않습니다."

"아닐세, 자네 정도면 훌륭하지. 겸손해하지 마시게."

내가 학생들을 가르칠 충분한 자격이 있다고 생각한 분은 레플라트니에 선생님뿐이었어. 나조차 내가 학생들을 잘 가르칠 수 있는지 의문이었거든. 이런 걱정이 현실로 나타났지. 지역 사람들이 문제를 제기하고 나선 거야.

"신설과? 도대체 그게 뭐요? 아마추어 장식가를 양성하겠다는 거잖소! 더욱이 선생들 좀 보시오. 저런 어중이떠중이에 자격도 없는 사람들을 데려다 놓고 뭘 가르치겠다는 건지 원……."

"신설과는 아마추어 장식가를 교육하려는 것이 아닙니다. 지금 사회는 빠르게 산업화·공업화되고 있습니다. 때문에 다양한 분야에 디자이너가 필요하고요. 각 산업 제품을 디자인할 수 있는 응용 예술가를 양성하는 것이 신설과의 목표입니다."

그래, 난 건축가가 될 거야!

레플라트니에 선생님이 이렇게 사람들을 설득했지만, 신설과에 대한 지역민의 반발은 만만치 않았어.

이런 광경을 보면서 난 페레 형제의 사무실에서 일할 때의 기억이 되살아났어. 시계 장식 미술을 전통으로 고수하며 변화를 두려워하는 사람들은, 내 눈엔 새로운 재료인 철근 콘크리트로 건축하는 것을 반대하는 사람들과 다를 바 없었단다.

친구들은 새로운 것을 받아들이는 게 그렇게 어렵니? 사람은 나이가 들수록 성장하고, 늙고, 죽어. 당시 내가 살던 사회의 환경도 마찬가지였어. 산업 혁명 이후 공장이 들어서고 생산량도 엄청나게 많아졌는데, 그 변화를 거부할 힘이 우리에게 있다고 생각하니?

처음엔 무턱대고 신설과가 필요 없다고 하던 사람들이 나중엔 방법을 바꿨어. 학생을 가르치려면 먼저 '데생 교수 면허'를 받으라나? 위원회의 요구는 사회에서 승승장구하던 일을 마다하고 모교로 돌아온 교수진을 모욕하는 것이나 다름없었어. 내가 왜 교수 면허까지 받아 가면서 학생을 가르쳐야 하지? 선생님이 나의 목표나 꿈도 아니었는데 말이야.

그래도 우리를 믿고 신설과로 진학한 학생들을 저버릴 수는 없었어. 마음속은 부글부글 끓어올랐지만, 위원회의 요구에 따라 1913년 12월 시험에 응시했고, 데생 교수 면허를 받았단다.

신설과는 작은 일에도 분란이 일면서 이렇게 어렵게 운영되다

르 코르뷔지에, 건축가의 길을 말해 줘

가 고작 1년 만에 폐지되었단다. 열정을 갖고 신설과를 개설한 레플라트니에 선생님도 낙심하시고는 1914년 3월 사직하셨지.

학교는 페란과 오베르 그리고 나에게 학생들에게 장식 미술을 계속 가르쳐 달라고 요청했어. 하지만 레플라트니에 선생님도 안 계시는데 우리가 굳이 교수직을 유지할 필요는 없다고 판단했지. 대신, 나는 당시 연합 아틀리에의 사무장이라는 신분을 이용해 유럽에 있는 유명 인사들에게 편지를 보냈단다. 신설과에 관한 의견을 모아 당국에 항의하기 위해서였지.

친애하는 지식인 여러분

저는 라 쇼드퐁 연합 아틀리에의 사무장 잔느레입니다.

현대 사회는 빠르게 산업화되고 있습니다. 때문에 이 시대는 수공예 장인보다는 종합적인 디자이너가 필요한 때입니다. 라 쇼드퐁 예술학교에서는 이를 실천하기 위하여 신설과를 만들고 1년간 운영했으나 지역 사회의 인식 부족으로 폐지되고 말았습니다.

부디 시대를 이끌기 위한 종합 예술가 양성 교육에 관한 생각과 노력에 조금이나마 도움을 주시기 바랍니다.

샤를 에두아르 잔느레 올림

답신에는 신설과에 관한 찬사와 나에 대한 격려가 담겨 있었지

그래, 난 건축가가 될 거야!

만, 이미 모든 것이 끝난 상황이었어. 다른 학교에서도 강의 요청이 왔으나 모두 거절했지. 그때 난 결심했어. 절대로 학교에서 장식이나 세공을 가르치지는 않겠다고 말이야.

대신 갇힌 교육장이 아닌 열린 토론장을 선택했지. 그래서 토론회나 강연 활동은 열심히 했단다.

아무리 학생을 가르치는 일이 내 꿈은 아니었다고 해도 신설과의 폐지는 내 인생의 첫 번째 실패였고, 쓰디쓴 경험이었단다.

첫 번째 발명품, 도미노 하우스

신설과가 폐지된 뒤 나는 적잖이 낙심했어. 그러다가 1914년 시작된 제1차 세계 대전으로 인해 폐허로 변한 건축물들을 보면서, 낙심만하고 있을 때가 아니란 걸 알았어. 4년간 계속된 전쟁 때문에 사람들은 집을 잃고 거리를 방황했단다.

'어떻게 하면 사람들에게 더 빨리 집을 많이 지어 줄 수 있을까? 새로운 건축 방식이 필요해!'

나는 과거의 건축과 다른 새로운 건축 발명에 몰두했어. 꼬박 1년 동안 씨름한 끝에 새로운 건축 방식을 만들었지. 바로 집의 뼈대를 만드는 거였어!

자동차를 대량 생산할 때, 가장 먼저 뼈대 구조를 만들고, 거기

르 코르뷔지에, 건축가의 길을 말해 줘

에 엔진과 문짝, 보닛과 지붕과 트렁크 뚜껑 등등을 붙여서 만들지. 난 여기에 착안해서 얇은 바닥 판과 그것을 지탱하는 기둥, 그리고 아래위층을 오르내릴 수 있는 계단을 집의 뼈대로 고안했어. 기술자가 없어도 집이 필요한 사람은 누구나 이 뼈대에 조립하듯이 벽을 세우기만 하면 되는 거지.

내가 고안한 집의 뼈대에 익살스럽게 도미노 주택이란 이름을 붙여 보았어. 도미노 주택은 바닥판들이 마치 하나가 쓰러지면 연달아 쓰러지는 나무 놀이Domino처럼 보이지? 이건 전쟁으로 집을 잃은 가난한 사람들을 위한 주택이야. 고대 로마 시대의 저택인 도무스domus에서 '돔Dom'이라는 앞부분과 나무 놀이에서 이노ino라는 뒷부분을 가져와서 만든 말이란다. '익살스럽게'라고 말한 이유는 이래. 고대 로마 시대에는 주요한 두 가지 주거 형태가 있었어. 가난한 노동자의 집은 1층에는 상가를 두고 그 위 3~4개 층을 공동 주거 형태로 만든 '인슐라'였고, 부자는 저택인 '도무스'에 살았어. 도미노 주택은 가난한 사람들을 위해 설계한 집이지만, 저택이라는 이름을 붙인 거란다.

도미노 자체가 자랑할 만한 발명품이지만 그중에서 더 소중하게 여기는 부분이 있어. 바로 기둥의 위치란다. 그림을 가만히 살펴보면 기둥이 바닥 모서리에서 조금 안쪽으로 들어가 있지? 얼핏 보면 그리 특별해 보이지 않을 수도 있지만, 이 작은 차이 때문

그래, 난 건축가가 될 거야!

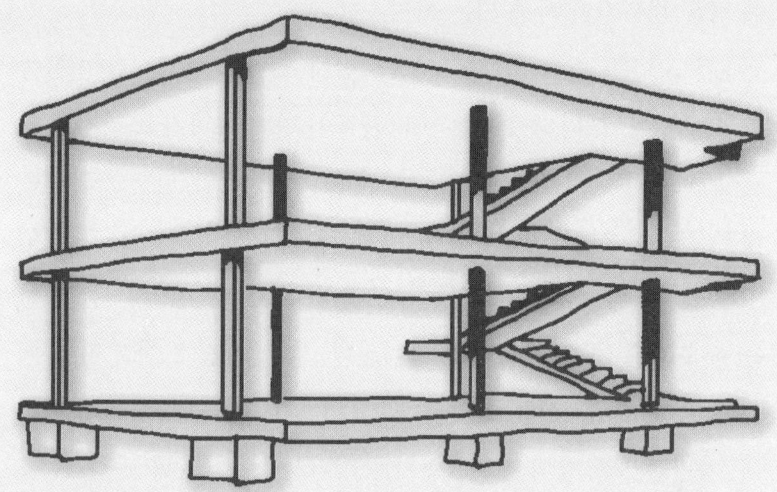

자동차의 배대 구조에서 아이디어를 얻어 르 코르뷔지에가 발명한 도미노 시스템
이 구조에 벽면만 쌓아 올리면 손쉽게 집을 완성할 수 있다.

도미노 시스템

에 사람들이 벽에 마음대로 창문을 뚫을 수 있단다. 창문을 많이 낼 수 있다는 건 집 안이 그만큼 환해진다는 뜻이지.

도미노만 있으면, 벽은 벽돌이든 돌이든 사람들이 주위에서 쉽게 구할 수 있는 재료로 세우면 되니까, 전쟁으로 집을 잃은 사람들이 빨리 아늑한 보금자리를 마련할 수 있었겠지?

그런데 나의 이런 바람은 이루어지지 않았단다. 프랑스와 이탈이아의 몇몇 국회의원이 관심을 보이기는 했지만 아쉽게도 실현되지 못했어. 제1차 세계 대전으로 집을 잃은 사람들이 보금자리를 만들기도 전에 다시 제2차 세계 대전이 일어났거든.

제2차 세계 대전이 언제 끝날지 모르지만, 어쨌든 전쟁이 끝나면 살아남은 사람에겐 보금자리가 필요할 것 아니겠어? 난 제2차 세계 대전이 막 시작된 1940년에 전쟁으로 집을 잃은 사람, 그리고 앞으로 잃게 될 사람들을 위해 주택 계획을 시작했단다.

이번엔 벽Mur과 통나무Rondin로 된 주택을 구상했지. 이것 역시 기술자 없이도 집을 잃은 사람들이 직접 지을 수 있도록 나무와 진흙만 사용했단다. 이 설계를 뮤론 단식 주택 계획안이라고 하지. 하지만 이 주택 역시 계획안에 그치고 말았어. 그러면서 이제라 쇼드퐁에서는 더 이상 내가 할 수 있는 일이 없다는 생각이 들더구나. 더 넓은 세상으로 나가야겠다는 결심이 섰어. 여행이 아니라 내 삶의 무대를 아예 옮기는 거지.

그래, 난 건축가가 될 거야!

수학 · 과학 · 미술을 못해도
건축가가 될 수 있어요

르 코르뷔지에가 경탄한 비율은 건축에 있어서 매우 중요한 요소입니다. 그가 자신만의 건축을 확립할 때도 '비율'이 큰 역할을 했지요. 그뿐만이 아니에요. '콘크리트'라는 재료의 단점을 보완하기 위해서는 과학 지식이 필요하고, 건축물의 다양한 형태와 특징 등을 확실하게 익히고 공부하기 위해서는 각 특징을 재빨리 스케치하는 미술적 소질도 필요하답니다.

여기까지 읽고 나서 덜컥 겁내는 학생들이 있을지도 모르겠군요.

'건축에 관심은 있지만, 수학 혹은 과학을 못하니 난 건축가가 될 수 없는 걸까?', '그림 그리는 재주는 타고나는 건데, 난 그림에 영 소질이 없으니 건축가의 꿈은 접어야 하는 걸까?' 하고 말이지요.

물론 수학과 과학을 잘하고, 미술에 소질이 있는 사람은 건축가로 일하는 데 무척 도움이 된답니다. 그렇다고 이 세 가지를 잘해야만 건축가가 될 수 있는 것은 아니에요.

현재 대학에 개설된 건축학과는 공학으로 구분되지만, 다른 공학 계통의 학과와 달리 복잡한 수학 문제를 풀 정도로 높은 수학 실력을 요구하진 않아요. 르 코르뷔지에가 초기에 건축 공부를 하기 위해 페레 형제나 베렌스의 건축 사무소에서 일을 배운 것처럼 건축에는 한 가지 정답이 있는 것이 아니라, 자신이 원하는 답, 자신이 만족하는 답을 찾아가기 위해 이렇게 저렇게 다양한 방법을 모색하는 노력이 필요할 뿐이랍니다. 건축가에게 필요한 것은 논리적으로 생각하는 수학적인 사고방식이에요. 설사 도저히 혼자 해결할 수 없는 문제가 있더라도 그건 수학자에게 물어보면 되니까 미리부터 '수학을 못하니 나는 건축가는 못 되겠구나.' 하고 포기하지는 말자고요!

과학도 마찬가지예요. 재료에 관한 과학적 지식이 풍부하거나 지질학에 대해 잘 알고 있으면 자신이 설계하려는 건물의 장단점을 체크해 보고 어떤 형태가 좋을지 예상해 보는 데 훨씬 용이하겠지요. 하지만 실제로 건물을 지을 때는 풍부한 상식 수준에서 나아가 전문적인 지식이 필요하답니다. 재료와 건물 규모 등을 어떻게 정해야 할지를 면밀하게 검토하고 시험할 줄 아는 전문가의 도움이 꼭 필요하지요. 이런 일은 결코 건축가 한 명이 혼자서 해낼 수 없는 일이랍니다. 수학과 마찬가지로 과학자에게 의뢰하면 되지요.

마지막으로 미술에 대한 소질인데요. 예술적으로 멋지게 스케치를 할 수 있는 실력이면 좋겠지만, 그렇지 않더라도 자신이 참고하고 싶은 건물의 형태나 재미있는 아이디어를 특징을 잘 살려 나중에 알아볼 수 있을 정도로만 그릴 수 있으면 돼요. 요즘은 컴퓨터로 건축물의 구조를 그리는 캐드CAD라는 프로그램이 개발되어 있어서 그것을 이용할 수도 있지요.

건축가 중에서도 수학이나 과학에 소질이 있는 사람, 미술에 소질이 있는 사람 등 다양해요. 그들은 자신이 잘하는 점에 더 집중해서 일을 하고 취약한 부분에서는 동료의 도움을 구하기도 해요. 건축은 다른 사람과의 협동이 필수적인 분야랍니다.

그래, 난 건축가가 될 거야!

2

Le Corbusier

탄생,

르 코르뷔지에

파리에서 건축을 그리다

사람들은 건축가로서의 나밖에 모른다. 화가로서는 인정하려 하지 않는다.

그러나 그래도 내가 건축이라는 것에 도달 할 수 있었던 것은

내 그림이라는 운하를 통해서이다.

르 코르뷔지에, 사비나와의 대화 중

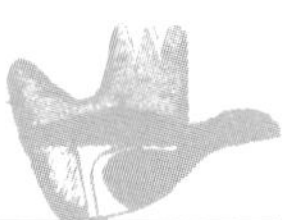

본거지를 파리로 옮긴 잔느레는 사촌과 함께 건축 사무실을 열었어요. 하지만 아무리 열심히 설계해도 빛을 보지 못하고 모두 계획안으로만 끝나 버렸습니다. 넓은 파리에서 건축가로 사는 것이 만만치 않은 일임을 실감한 잔느레는 건축가로서의 기본 실력을 탄탄히 쌓기 위해 그림 공부를 더 하게 됩니다. 건축가가 그린 그림은 과연 어땠을까요?

르 코르뷔지에, 건축가의 길을 말해 줘

파리의 높은 벽에 부딪히다

1917년 봄이었어. 지루하고 긴 겨울을 지나고 맞는 너무도 화창하고 아름다운 봄날이었던 걸로 기억해. 나는 여권 사무실을 찾아갔단다.

"여권을 신청하러 왔습니다. 프랑크푸르트에서 개최되는 '도시 계획 프로젝트'에 초청을 받았거든요."

"네, 그렇습니까? 그러면 목적지는……."

"파리라고 써 주십시오."

"네? 프랑크푸르트는 독일인데요, 선생님."

여권 담당자는 적잖이 놀란 눈치였어. 흐흐.

"그냥, 파리라고 써 주세요."

"아, 그러죠. 그럼 여행 기간은 얼마간이십니까?"

"무기한이요."

담당자가 한 번 더 놀랐겠지?

세 번의 해외여행과 1년 동안의 교수 생활, 한 번의 전쟁을 겪고 나니, 내 나이가 어느 덧 30살이 되었더구나. 고향인 라 쇼드퐁은 나를 건축가로 키워 줬지만, 이제 나에게는 너무나도 좁게 느껴졌단다. 그래서 고향을 떠나 좀 더 큰 시장인 파리로 건너가 사촌 피에르와 함께 사무소를 열었지.

탄생. 르 코르뷔지에

전에 페레 형제의 사무실에서 일할 때나 베렌스 씨 사무실에서 일할 때와는 기분이 확실히 달랐어. 나의 본거지를 스위스 작은 마을인 라 쇼드퐁에서 대도시 파리로 옮긴 거였으니까.

내가 고향에 있을 때는 부자들을 상대하는 건축가로 여섯 채의 저택을 지었어. 나름 성공했다고 자부했고, 거기선 꽤 알아줬지. 하지만, 파리에서의 난 그냥 신출내기였을 뿐이야.

아무리 열심히 설계해도 빛을 보지 못하고 모두 계획안으로만 끝나 버렸단다. 그래서 나는 철근콘크리트응용협회SABA 연구소에 출근했지. 철근 콘크리트 분야는 누구보다 잘 알고 있다고 자신했거든.

그리고는 돈을 벌기 위해 '산업기술연구소'라는 근사한 이름의 회사를 차렸어. 사실 벽돌 공장이었지만 말이야. '벽돌을 만드는 것이 건축과 무관하지 않다'고 스스로 위안하면서 공장 운영을 시작했지. 직원이라 봐야, 사장인 나와 종업원은 한 명인 아주 단출한 공장이었어.

처음엔 공장 수입이 꽤 좋았단다. 그런데 세느 강이 범람해 공장에 막심한 피해를 주었고, 만든 벽돌을 운반하는 도중 산산조각이 나는 사고도 생겼어. 결국 파산했지.

이것으로 내 인생의 두 번째 실패를 경험했어. 희망을 품고 온 파리였지만, 이렇게 초반부터 연달아 실패하니 정신적으로나 육체적으로나 지쳐 버렸단다. 그래도 여기서 내 건축가 인생을 끝낼 수는 없었어. 인생에 공짜는 없다고 하잖니. 벽돌 공장 사장을 하면서 인생 공부 좀 했다고 생각할 수밖에.

그림을 그리는 건축가

파리에서 이렇게 힘든 생활을 하고 있을 무렵, 장식적이지 않은 솔직한 건축을 가르쳐 준 페레 씨한테서 연락이 왔어.

"잔느레, 파리에 사무실을 열었다는 소린 들었네, 회사도 운영한다던데, 잘 지내고 있나?"

"아! 페레 선생님 잘 지내고 있습니다. 제가 선생님 밑에서 일을 배운 것이 벌써 10년 전이군요."

"그러게, 세월이 참 빠르군. 자네 요즈음도 그림 그리나?"

"물론이지요. 사람들은 제 그림을 인정해 주지 않지만, 여전히 그림을 짝사랑하고 있답니다."

"잘됐군, 오늘 시간 괜찮으면 나랑 어디 좀 함께 가지 않겠나?"

말로는 잘 지내고 있다고 했지만, 파리로 온 후 별다른 일이 없었단다. 1917년 시작한 건축 사무실은 이런 저런 사정으로 세 번이나 옮겼고, 고정적인 일이라야 '공업기술연구협회' 일 정도였지. 게다가 벽돌 공장은 문도 닫을 수 없는 처지라 근근이 지탱하

탄생. 르 코르뷔지에

는 실정이었어. 그나마 나에게 위로가 된 건 프랑스 국립도서관에 들러서 건축 관련 공부를 하는 거였지.

이런 내 상황을 아셨는지 페레 씨가 나에게 연락을 한 거야. 이 즈음 프랑스의 건축 경기는 좋지 않았단다. 모두가 어려웠어.

페레 씨가 나를 데리고 간 곳은 '예술과 자유'라는 예술가 모임이었는데, 거기에서 아메데 오장팡Amédée Ozenfant●, 조르주 브라크 Georges Braque, 후안 그리스Juan Gris, 파블로 피카소Pablo Ruiz y Picasso, 조각가 자크 립시츠Jacques Lipchitz 등을 소개시켜 주었단다.

이들 중 나보다 한 살 많은 오장팡이라는 사람에게 관심이 가더라고. 처음엔 그저 내 또래라서 말이 통할 수 있겠다 싶었지.

당시 오장팡은 화가이자 비평가로서 이미 이름이 알려져 있는 사람이었단다. 나는 보잘 것 없는 시골뜨기 건축가이고 말이야. 그래서 혹시 잰체하는 사람은 아닐지, 또는 미술만 아는 편협한 사람은 아닐까 하는 걱정이 들더라고.

그런데 이야기를 나누어 보고 내 생각이 잘못됐다는 것을 알았어. 남을 배려할 줄도 알고, 미술뿐 아니라 건축 공부도 한 사람이

● 아메데 오장팡

어서 나와 이야기가 잘 통했지. 첫 만남이라 어색할 수도 있는 자리였는데, 잠시 서먹해질라치면 그는 금시 다른 화제를 꺼내 분위기를 좋게 만들었단다. 정말 화젯거리가 풍부한 사람이었지. 이건 내 생각인데, 아무래도 그는 미술 비평가이기 때문에 많은 이야기 거리를 가지고 있었던 것이 아닌가 싶어. 그와 대화하는 중에 안 사실이지만 오장팡은 자동차 디자이너로도 일한 적이 있더라고.

'저런 사람과 친구가 되면 정말 좋겠다. 마음도 잘 통하고.'

이렇게 생각하면서 집으로 돌아온 나는 그에게 편지를 썼단다.

> 막다른 골목에 들어섰을 때
>
> 당신의 조용하고 자상하며 명석한 의지를 상기해 봅니다.
>
> 나는 이제 공부하기 위해 문지방을 막 넘어선 반면,
>
> 당신은 이미 완성 단계에 있습니다.

이 편지를 오장팡이 어떻게 이해했는지 모르지만, 이후 그는 나의 좋은 친구이자 미술 선생님이 되었단다.

"잔느레, 본격적으로 그림을 그려 보는 건 어때?"

"사실, 어린 시절 꿈이 화가이긴 했어. 그리고 좀 부끄러운 말이

탄생, 르 코르뷔지에

지만, 아시아 여행 중에 그린 수채화 10점을 1913년 가을 파리 살롱 도톤느에 〈돌들의 언어〉라는 제목으로 출품 한 적이 있긴 하다네. 하지만 내가 정말 그림을 잘 그릴 수 있을까?"

내가 그림 그리기를 좋아하는 것은 사실이지만, 13살 때 라 쇼드퐁 예술학교에서 잠시 미술을 배운 것이 전부였기에 자신은 없었어. 또 내가 어린 시절 그린 그림은 수채화였고, 오장팡이 권유한 그림은 유채화였기에 주저했지. 하지만 친구는 규칙적으로 그림을 그리면 괜찮을 거라며 내게 용기를 주었단다.

순수주의에 눈뜨다

"잔느레, 자신 없다더니 훌륭하군! 나와 함께 그림을 그려 보지 않겠나?"

오장팡은 내 그림에 감탄하고 많은 격려를 해 주었단다. 뿐만 아니라 함께 전시회를 갖자고 제의도 했지.

하지만 난 언제부턴가 그림 그리기에 흥미를 잃어버리고 말았어. 그림 그리기보다는 생각하는 시간이 많아지는 걸 보던 오장팡은 나에게 고민이 있느냐고 걱정스레 묻더라고.

그는 내가 첫 전시회가 부담스러워서 그림 작업에 몰두하지 못한다고 생각한 모양이야. 하지만 그 때문은 아니었어.

르 코르뷔지에, 건축가의 길을 말해 줘

“우리가 추구하는 그림말일세, 너무 지나치다고 생각하지 않나? 오장팡.”

“혹시 일부 비평가가 ‘입방체로 이루어진 그림’이라고 비아냥거리는 게 신경 쓰이는 건가?”

“신경이 전혀 안 쓰이는 건 아니지만, 그 문제 때문은 아니야.”

오장팡은 내 생각을 들려달라고 하더군.

“자연을 철저히 분해하여 여러 측면을 동시에 묘사하는 방식이 나에게 다양한 영감을 준 건 사실이야. 하지만 과하게 비이성적이라는 생각이 드는군.”

“이런! 잔느레 자네도 그런 생각을 했나? 과연 우리는 통하는 구석이 있단 말이야. 나도 최근 미술계가 전통적인 기법을 탈피한 것까지는 좋은데, 너무 낭만적으로만 흐르는 게 아닌가 하는 생각이 들더라고. 뭔가 새로운 게 필요하달까?”

우린 대화하면서 새로운 방식으로 그림을 그려야 한다는 점에 동감했어. 이제 서로 머리를 맞대고 방법을 짜내야 할 차례였지. 내가 먼저 현재 미술계에 대한 우리 생각을 정리해서 선언문을 만들어 출판하자고 제안했단다. 오장팡도 기꺼이 동의해서 우리는 첫 전시회에 사용할 안내문을 선언문 형식으로 만들고 표지에 ‘입체파cubist● 이후’라고 제목을 썼단다.

1918년 오장팡과 함께한 첫 전시회의 제목은 ‘순수주의Purisme●’

탄생, 르 코르뷔지에

였어. '입체파 이후'라고 선언한 뒤, 우리는 그림을 그릴 때 입체주의를 버리고 사물을 좀 더 순수하고 추상적인 형태와 색채로 그리게 되었단다.

첫 공동 전시는 토마스Thomas라는 작은 화랑에서 열었는데, 대부분이 오장팡의 것이고, 나의 작품은 두 점이었어. 하지만 새로운 순수주의 화풍을 선보였다는 점이 뿌듯했단다.

나는 어릴 적부터 시력이 좋지 않아 늘 안경을 쓰고 다녔어. 하지만 이때부터 내 시력은 급격히 떨어져서 안경은 돋보기 수준으로 변했단다. 그래서 사람들은 나와 동그란 안경을 동일시한 그림을 그리기도 했지. 그래도 난 그리기를 멈추지 않았고, 오장팡과 함께 수차례의 전시회를 더 열었어. 몸이 몹시 피곤하고 힘들었지만 그래도 이때 그림을 그릴 수 있었기 때문에 행복했단다.

● **입체파**(큐비즘) 20세기 초 조르주 브라크는 프랑스의 남쪽 지중해 연안 지방인 레스타크에서 지내면서 풍경화를 그렸습니다. 그가 그린 풍경화를 화가 앙리 마티스와 비평가인 루이 보셀이 '입체적 희한함(bizarreries cubique)'이라고 평하였고, 이 낱말에서 후에 브라크의 표현 양식을 본뜬 그림 및 화가들의 경향을 입체파라 부르게 되었습니다.

● **순수주의**(퓨리즘) 오장팡과 르 코르뷔지에가 작성한 '입체파 이후'라는 선언문에서 시작된 미술계의 흐름입니다. 입체주의 미학을 더욱 순수히 하여 쓸데없는 장식이나 과장을 일체 거부하고, 간결하고 명확하게 조형을 표현하자고 주장했어요. 한마디로, 기능을 최대한으로 발휘하는 것을 목표로 하여 불필요한 장식을 모두 배제하는 기능주의의 관점과 상통합니다.

르 코르뷔지에, 건축가의 길을 말해 줘

입체파 그림은 건축의 비밀 실험

돌이켜 생각해 보니, 1918년부터 1922년까지 4년 동안 나는 건축가라기보다는 화가로서의 삶을 살았던 것 같아. 파리에서는 나를 건축가로 알아주는 이가 없어서, 힘들어서 건축을 포기하려고 한 거냐고? 아니, 절대 그렇지 않단다.

화가가 되려던 어린 시절의 꿈을 포기 할 수 없었던 이유도 있지만, 나는 그림 그리는 작업을 '건축의 비밀 실험'이라고 생각했단다.

나는 그림을 평면이 아닌 공간으로 인식했어. 건축물의 공간이 입체적으로 서로 연결되듯이, 그림 속에서 사물들을 입체적으로 연결시켜 보는 실험을 한 거야.

내가 그림을 나만의 비밀스러운 형태 찾기를 위한 실험실로 이용할 수 있었던 건, 오장팡을 위시한 '예술과 자유'에서 만난 입체파 화가들의 덕이 컸단다.

"아니 무슨 그림이 이래? 먼 것은 작고 흐리게, 가까운 물체는 크고 진하게 그려야 하는 것 아니야? 그림에 원근감이 없잖아? 그것뿐이면 말도 안하겠어. 이건 뭘 그린 건지 알아볼 수가 없잖아!"

당시 프랑스의 많은 미술 비평가가 입체파 화가들의 작품을 이렇게 조롱했어.

탄생, 르 코르뷔지에

입체파 화가들은 원근법·단축법·모델링·명암법 등의 전통적 그림 기법을 거부하고 자신들만의 새로운 화풍을 만들어서 그렸단다. 이 방식이 사람들의 웃음거리가 되었을지는 모르겠지만 나에게는 커다란 도움이 되었지.

입체파는 자연을 예술의 근거로 삼았단다. 하지만 자연의 형태와 질감, 색채와 공간을 그대로 모방하지는 않았어. 게다가 자연 대상을 철저히 분해하여 여러 측면을 동시에 묘사함으로써 '무엇을 사실이라고 불러야 할 것인가?'에 대한 새로운 질문을 던졌단다.

이렇게 자연을 중시한다는 측면, 자연을 철저히 분석하고 여러 측면을 묘사하여 사실이 무엇인지에 대한 새로운 접근을 하려했다는 점이 내가 추구하는 새로운 건축과 아주 잘 맞아 떨어졌지.

게다가 그림이니 건축처럼 잘못 지었다고 해서 부수지 않아도 되는 것도 큰 장점이었고.

결국 내가 4년 동안 그림을 그린 일은 나만의 새로운 건축 언어를 창조하기 위한 비밀 실험 기간이었다고 할 수 있었어.

르 코르뷔지에로 재탄생하다

오늘의 예술은 자신들의 시대를 살고 있지 않은 사람들이나

오직 유행을 통해서만 예술을 접촉하면서 살아가고 있는 사람들에 의해

만들어지고 있다.

르 코르뷔지에와 오장팡, 《큐비즘 이후》 중

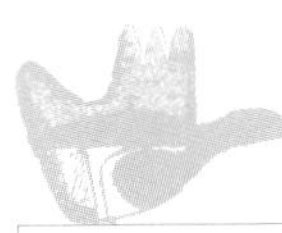

잔느레는 원대한 꿈을 품고 온 파리에서 건축가로 활동하지 못한다고 실망하거나 절망에 빠져 있지만은 않았어요. 대신 문화계 사람들과 만나면서 자신만의 건축 스타일, 건축 언어를 찾으려고 열심히 노력했지요. 그리고 맘이 잘 맞는 친구 오장팡과 함께 많은 사람이 예술을 함께 누릴 수 있도록 친절하게 예술을 소개하는 잡지, 〈에스프리 누보〉를 발간합니다. 이때 우리에게 알려진 '르 코르뷔지에'로 이름을 바꾸지요. 잡지 발간 활동을 통해 르 코르뷔지에는 비로소 많은 사람이 함께 나누는 문화에 대한 생각의 퍼즐 조각을 하나씩 맞춰 가기 시작합니다.

탄생, 르 코르뷔지에

나를 재발견하다

"여보게, 오장팡 요즈음 세상이 왜 이리 복잡하고 빠르게 변하는 거야?"

"동감일세, 잔느레. 이런 변화를 사람들도 궁금해하겠지?"

"너무 복잡해서 무엇을 궁금해해야 할지도 모를걸?"

"그렇담, 우리가 복잡한 현대 사회 속 예술을 소개하는 글을 써 보는 것은 어때?"

오장팡과 나는 합리적이고 기능적인 현대 문화를 소개하는 도구로써 잡지를 만들기로 했단다. 그런데 자금이 없다는 게 문제였어. 당시 우리 둘은 그리 넉넉하지 못한 생활을 하고 있던 터라 잡지를 만들 돈이 없었거든.

그러던 어느 날 든든한 후원자를 만났지.

"자네들 영화, 과학, 문학, 미술, 건축 등 여러 방면을 아우르는 문화 예술 잡지를 만들려고 한다며?"

"예, 디보아르 씨. 그런데 자금 문제로 언제 창간 할 수 있을지는 저희도 모르겠습니다."

"마침, 내가 그런 잡지를 만들고 싶어 하는 시인을 알고 있다네, 그가 아마 도움을 줄 수 있을 거야."

하늘은 스스로 돕는 자를 돕는다고 했던가? 오장팡과 내가 자금 문제로 골머리를 앓고 있을 때, 한 신문사의 문예 비평가로 있는 페르난 디보아르Fernand Divoire 씨가 시인 폴 데르메Paul Dermèe 씨를 소개해 주었단다. 벨기에 출신인 데르메 씨는 재력가를 많이 알고 있었고, 그의 재력가 친구들 덕에 1920년 드디어 우리가 바라던 잡지, 〈에스프리 누보L' Esprit Nouveau〉를 창간했단다.

잡지명으로 쓴 '에스프리 누보'는 프랑스 어로 '새로운 정신'이란 뜻이야. 이 잡지는 5년 동안 28호까지 발행했지. 데르메 씨는 편집장을 맡고, 나와 오장팡은 주로 글을 썼어.

첫 출판을 위해 글 작업을 마무리하던 어느 날이었어.

"잔느레, 많은 작가가 필명을 쓰잖아? 우리도 글을 쓰기 시작했으니, 필명 하나쯤은 있어야 하지 않겠어?"

"그거 좋은 생각이네! 자네 뭐 생각해 둔 이름이라도 있나?"

"나는 어머니 이름 소니에sauginer를 사용할 거야."

"그럼 나도 어머니 처녀 시절 성인 페레perret를 사용할까?"

"잔느레, 의외네. 자네는 창의성을 중요하게 생각해서 필명도 독특하게 지을 줄 알았거든. 그런데 나를 따라 어머니의 처녀 시절 성을 사용하다니!"

오장팡의 그 이야기를 들으니 정신이 번쩍 들더라고. 항상 나만의 독특함, 창의성을 찾기 위해 고군분투했지만, 잠시 긴장을 늦

탄생, 르 코르뷔지에

춘 사이 남을 따라하는 사람이 될 뻔하다니!

"아, 그럴 수야 없지. 그럼 난 할아버지 이름인 르코르베제Lecor-bèsier를 쓸까 해."

"좀 더 풍요롭게 꾸며서 '르 코르뷔지에'는 어떤가, 잔느레?"

"잘못 들으면 사람들이 까마귀르 코르보le corbeau로 오해하겠는걸? 자넨 정말 재치 있어. 재미있는 이름이야. 내 맘에 쏙 들어."

나는 르 코르뷔지에라는 서명대신 가끔 장난삼아 까마귀 그림을 그리기도 했단다.

내가 필명을 르 코르뷔지에라고 바꾼 것은 이 시기에 프랑스 파리 예술가들 사이에서 성명 구분 없는 이름이 유행하기도 했고, 누구나 자신을 재발명할 수 있다는 나 자신의 믿음을 표현한 것이기도 하단다.

1920년 나는 〈에스프리 누보〉라는 잡지와 함께 르 코르뷔지에로 새롭게 태어났단다. 작은 시골 마을의 건축가 잔느레에서 대도시 프랑스의 시대를 풍미하는 몽상가 르 코르뷔지에로 말이야.

난 '르 코르뷔지에'라는 이름으로 잡지뿐 아니라 책도 40여 권 썼단다. 그러다가 너무 무리하는 바람에 〈에스프리 누보〉 27호를 마감하고는 망막박리로 인해 왼쪽 눈의 시력을 잃었지. 더 이상 활동하기 어려웠어. 나의 절친, 오장팡은 28호로 〈에스프리 누보〉를 폐간하고는 런던으로 갔고, 거기에서 1935년 '오장팡 순수미술학교'를 설립했어. 1938년 후부터는 미국에 학교를 설립하고 활동했다고 해.

나는 파리의 문인!

그러고 보니 친구들에게는 내가 건축가로 알려져 있지만, 파리로 본거지를 옮긴 후, 8년 동안은 화가와 문인으로 살았던 것 같구나. 친구들 눈에는 너무 먼 길을 돌아간 것처럼 보일지도 모르겠어. 하지만 내게는 건축가로 살지 못한 8년도 매우 소중하단다. 화가와 문인으로 활동한 경험이 나를 남은 인생 동안 '신 나게' 건축가로 살도록 도와줬거든.

친구들이 생활하다 보면, 당장 하고 싶은 일이 있지만 맘먹은 대로 안 될 때가 있을 거야. 그때마다 화내거나 낙담하지 않았으면 좋겠구나. 나 역시 일찌감치 건축가의 길로 나서긴 했지만, '건축이란 무엇인가?' '나만이 만들 수 있는 건축물은 무엇일까?'에 대한 답을 얻기 위해 결국은 화가로, 문인으로 10년 가까운 세월을 살았잖니?

때로는 친구들의 생각이 시대를 너무 앞서 있어서 다른 사람과 보폭을 맞춰야 하거나, 정말 멋진 생각이지만 아직 무르익지 않아서 공부가 좀 더 필요할 때가 있는 법이야. 남보다 앞서가지 못한

탄생, 르 코르뷔지에

다고 해서 괴로워하지 말렴. 조금 돌아가거나 천천히 자신의 길을 가는 대신, 친구들이 찾은 삶을 사는 동안은 매 순간이 감동과 행복으로 꽉꽉 들어찰 테니.

다양한 경험을 해 본 나는, 소박하고 마음이 따뜻한 고향이 아닌, 넓은 세상 파리에서 살아야겠다고 결심했어. 그래서 44살 되던 해인 1930년, 프랑스로 귀화 신청을 했단다.

귀화 관련 담당 공무원이 나에게 직업을 묻더라고. 생각해 보니 난 프랑스에서 건축다운 건축을 한 적이 없는 거야. 대신 그림 전시회를 하고, 잡지에 글을 싣는 비평가로 이름을 날렸지. 그래서 대뜸 '문인'이라고 말해 버렸어.

나중에 신분 증명 서류를 받았는데 거기에 있는 직업란에 문인이라고 쓰여 있더라고. 내가 그렇게 말하기는 했지만, 공공 문서에 글자로 박힌 직업을 보니 기분이 묘했어. 왠지 나에게 문인으로 살라고 강요하는 느낌도 들었고. 갑자기 반항심이 생기더군.

'아, 이제는 정말로 건축가로 살아야겠구나.'

다음 장부터 지켜봐 봐. 내가 어떻게 건축가로서의 제2의 삶을 시작했는지.

르 코르뷔지에, 건축가의 길을 말해 줘

최소한의 건축이 태동하다

콘크리트가 아무리 단단하다 할지라도

우리는 그 뒤에 숨은 예민한 감수성을 드러낼 수 있다.

르 코르뷔지에

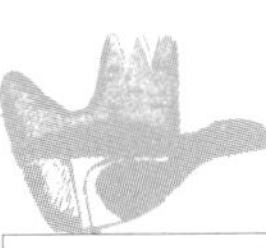

파리에 와서 8년 동안 화가로, 문인으로 살던 르 코르뷔지에가 드디어 건축가로서 새 출발을 했어요. 〈에스프리 누보〉 발간 활동을 통해 정리한 문화에 대한 생각을 거침없이 펼쳐내기 시작했지요. 그 첫 걸음마는 바로 살기 편한 기계로서의 집 '시트로앙 주택'이었고요. 하지만 첫 단추 꿰기가 쉽지는 않았어요. 과연 그는 '르 코르뷔지에'로서 맡은 첫 건축물을 잘 만들어 냈을까요?

새롭게 내딛은 건축 걸음마

"이제, 일을 하셔야 하는 거 아니에요?"

나와 함께 파리에서 건축 사무소를 연 사촌 동생 피에르가 또 잔소리를 했어. 그는 내가 오장팡과 어울려 다니며, 글이나 그림 따위에만 신경 쓴다고 못마땅해했거든. 그렇게 조금씩 삐걱대기는 했지만 나를 든든하게 지켜 주었지.

1925년 어느 날이었어. 한쪽 눈의 시력을 잃은 데다가 경제적으로도 어려울 때 단비 같은 고객이 날 찾아왔단다.

"나는 자그마한 사업을 하는 앙리 푸르제스라는 사람입니다. 노동자들을 위한 값싼 집을 지어 주고 싶소. 당신이 1922년 전시회에 출품한 시트로앙 주택을 보았소. 군더더기 하나 없더군요. 이것이야말로 내가 찾던 건축물이라는 생각이 들었다오.

보르도 근처의 페삭에 땅을 사 두었소. 40가구 정도면 좋을 것 같소만……."

푸르제스 씨가 본 시트로앙 주택●은 이제 막 태동한 산업 사회

● 시트로앙 주택

처럼, 많은 사람이 싼값에 살 수 있는 주택을 계획한 거란다.

난 사회가 바뀌었으니 그에 걸맞도록 집도 바뀌어야 한다고 생각했어. 우선 산업 사회의 상징인 대량 생산되는 자동차와 같이 값싸고, 표준화되어 있고, 설비가 잘 갖추어져 있어서 이용하기에 편리한 집말이야. 살기 편리한 기계로서의 집을 계획했던 거야.

난 사람이 사는데 가장 필요한 기능을 잘 갖춘 형태를 찾아 나서기 시작했어. 사람에게 없어서는 안 될 것, 꼭 필요한 것은 무엇일까? 그런 건축물은 어떤 기능을 갖고 있어야 할까? 난 건축물의 가장 순수한 면을 찾으려면 어떻게 할 수 있을까 고민했어.

그래, 오랜 고민 끝에 드디어 생각의 단초를 찾았단다. 난 순수한 건축을 할 거야! 그리고 순수한 건축은 집 안팎을 호화롭게 장식한 저택이 아니라 날품팔이 노동자의 빈민가에서 찾을 수 있는 거였어!

이 주택은 3층으로 계획했어. 1층은 가족의 공동 공간으로 거실을 만들고, 2층에는 침실을, 3층에는 부엌을 설치해서 조리할 때 나는 냄새가 위로 타고 올라가 집 전체에서 음식 냄새가 나는 단점을 보완했단다. 게다가 옥상에는 테라스를 만들어서 가족만의 작은 정원을 만들어 주었지. 게다가 내부의 가구는 자동차의 틀처럼 금속 틀로 만들어 고정했고.

탄생. 르 코르뷔지에

각 층마다 철저하게 기능에 맞는 공간 계획, 가구 계획을 했고, 외부 또한 군더더기 없는 흰색으로 디자인했지. 그야말로 순수한 건축이라 할 만하지.

정말로 오직 살기 위한 기계로서의 집만을 디자인했단다. 그래서 사람들은 이 주택을 기점으로 나의 건축을 '백색 건축'이라고도 부른단다.

내가 초창기 라 쇼드퐁 주택을 건축하고 건축이 무엇인지 알기 위해 해외여행을 하고, 혼자 도서관을 전전하며 공부하기를 17년……. 이제야 나만의 건축 언어를 어렴풋이 찾은 거지.

건축가는 평생 자신만의 건축을 찾기 위해 노력하는데, 그런 의미에서 보면 난 이제 막 건축가로 태어난 유아라고 할 수 있었어. 오죽하면 시트로앙이 프랑스 유모차 이름이겠니? 하하하.

아무도 살지 않는 주택이라니!

이런 시트로앙 주택을 보고 나한테 건축 의뢰를 하겠다는 사람이니, 뭔가 나에게 또 다른 무슨 요구가 있는지 궁금했단다.

"페삭은 하나의 실험실이 되었으면 좋겠소."

"실험실이라고요?"

"그렇소, 나는 당신에게 모든 인습과 전통적 방법을 거부할 권

르 코르뷔지에, 건축가의 길을 말해 줘

한을 드리리다. 마음껏 디자인해 주시길 바라오."

푸르제스 씨는 좋은 건축물은 건축가 이전에 훌륭한 건축주가 있어야 한다는 점을 느끼게 해 준, 꿈에 그리던 건축주였단다.

나는 그렇게 노동자들을 위한 주택 단지를 지었어. 사촌 동생 피에르와 나는 우선 주택 단지를 설계하기 전에 대량 생산이 가능한 주택 시스템을 고민했고, 이를 기반으로 주택 단지를 계획했지.

새로운 기술을 가진 파리의 콘크리트 회사가 공사를 맡아 공사 기간은 채 1년도 걸리지 않았단다. 여기까지는 매우 순조로웠지. 하지만 큰 걸림돌이 있었어.

"우리 지역 전통을 무시하고 경멸한 색채를 사용하여 건축물을 짓게 할 수는 없소! 우리는 모든 수단과 방법을 동원하여 주택 단지 건설에 반대할 것이오."

지역 건축업자들이 태업하는 등 모든 수단을 동원하여 건축을 반대했단다. 표면적으로는 건축물의 색깔을 운운했지만 전문 기술이 필요한 철근 콘크리트로 집을 짓자 지역 단순 노동자의 할 일이 없어졌기 때문이지.

1925년과 1929년 두 차례에 걸쳐 노동부 장관이 개입하여 중재에 나설 정도였으니, 반대가 얼마나 심했는지 짐작이 가지?

어쨌거나 우여곡절 끝에 건축물이 완성되고, 이제는 사람들이 입주해서 살 수 있겠다 싶었더니, 이번엔 시에서 협조하지 않았단

탄생, 르 코르뷔지에

다. 상수도 공급을 거부한 거야. 물을 사용할 수 없게 된 폐삭 주
거 단지에는 결국 6년 동안 아무도 살 수 없었어.

　사람들이 눈앞의 이익에 얼마나 약한지 깨달았지. 난 절대로 그
런 유혹에 빠지지 않겠다고 다짐했고.

불의에 맞서서 얻어 낸 명예

　나쁜 일이 연달아 일어나는 것을 머피의 법칙이라고 하든가? 페
삭의 모욕이 채 가시기도 전에 1926년 4월 11일 아버지가 돌아가
셨단다. 슬픔을 극복하기 위해 나는 건축에 더욱 몰두했지.

　하지만 1927년 새로운 본부를 세우기 위해 국제 연맹이 실시한
설계 경기 경험은 정말 쓰라렸단다.

　당시 참가한 건축가는 무려 367명이나 됐어. 이들이 제출한 설
계도를 이으면 무려 12킬로미터 정도였으니 대단한 경쟁이었지.
1차 심사에서 9명을 선발했고, 그중 내 설계안이 1등으로 뽑혔어.

　그런데 청천벽력과 같은 소식을 들었어.

　"당신의 설계안 당선은 무효입니다."

　설계 경기의 규칙을 어겼다는 게 당선 무효의 이유였지. 이번
설계 경기에는 먹을 사용해서 그린 원본을 제출해야 하는데, 청사
진으로 사본을 제출했다나?

르 코르뷔지에, 건축가의 길을 말해 줘

난 결과를 받아들일 수 없어서 파리 대학 법학부 교수의 도움을 받아 청원서를 제출했단다. 하지만 국제 연맹은 아주 짤막하고 간결한 답만 보낼 뿐이었어.

"국제 연맹은 사적으로 제출되는 청원은 받아들일 수 없소."

그렇다고 이대로 물러설 르 코르뷔지에가 아니지. 나는 신문 기자와 책을 통해 이 사실을 전 세계에 알렸어. 이 사실을 알리면서도 마음 한편은 씁쓸했어. 정말로 건축이 갈 길을 잃었구나! 하는 생각이 들었거든.

하지만 역사는 말해 주더라고. 나의 설계안이 실현되지는 못했지만, 이후에 탄생한 조직인 국제 연합UN과 관계된 모든 건물은 나의 설계안을 참고했단다. 뿐만 아니라 나의 계획이 뽑히지 않게 된 이유가 입소문이 나자, 나는 근대적 전위 건축가로 알려지게 되었고, 더욱 명성을 얻었단다.

흐흐, 이런 걸 전화위복이라고 해야겠지?

심기일전하여 1930년 '모스크바의 소비에트 회관' 현상 설계 공모전에 도전했지. 그러나 운이 없었다고 해야 하나? 아님 내가 너무 시대를 앞서갔다고 해야 하나? 또 실패를 맛보아야 했단다.

파리에서 겪은 일련의 실패를 통해 나는 인생에 동정은 없다는 것을 깨달았어. 원대한 꿈을 품고 온 파리에 배반당한 기분이었지.

그러나 생각해 보니 이 와중에도 좋은 일 하나는 있었어. 바로

탄생. 르 코르뷔지에

아내 이본느 갈리Yvonne Gallis를 만난 거야. 아내는 모나코에서 모델로 활동하고 있었지.

8년간 교제하여 1930년 12월 프랑스로 국적을 바꾸면서 결혼했단다. 지루한 장마 끝의 무지개 같은 존재랄까? 그녀를 만난 후 일이 조금씩 풀리기 시작하더군.

예술과 산업이 만나다

이제야 건축이 무엇을 해야 하는지 알았는데, 시트로앙 주택은 실현되지 못했고, 페삭 주거 단지는 실현되었지만 몇 년 동안 사람이 살 수 없었지.

이렇게 실패로 좌절하던 시기에 뜻밖의 기회가 찾아왔어.

르 코르뷔지에 선생님

슈투트가르트 시는 바이센 호프 지역에 주택 단지를 건축하려 합니다. 이에 선생님께서 참여하시어 함께 좋은 작품을 선보여 주시기를 희망합니다.

독일공작연맹, 미스 반데어로에Ludwig Mies van der Rohe

독일 슈투트가르트 시의회는 제1차 세계 대전으로 피폐해진 주

르 코르뷔지에, 건축가의 길을 말해 줘

거 환경을 개선하겠다고 생각했고, 우선 바이센 호프 지역을 선정해 주택 단지를 건설하기로 했지.

목표는 '저렴하고, 사람이 거주할 수 있는 최소한의 주택'.

일은 당시 독일공작연맹의 대표로 활동하고 있는 건축가 미스 반데어로에 선생에게 의뢰되었어. 선생은 주택 단지의 기본 계획을 하고, 유럽 각국에 있는 45살 미만의 젊은 건축가 16명을 초청했지. 그가 부른 건축가 대부분은 대부분 독일공작연맹과 관계가 있는 사람들이었단다.

여러분은 이미 독일공작연맹이 뜻하는 바를 잘 알고 계시는 분들입니다. 그래서 더 이상의 긴 설명은 필요치 않다고 생각하는 바입니다. 때문에 저의 부탁은 오직 하나입니다. 여러분의 독창적인 아이디어를 충분히 자유롭게 표현해 달라는 것입니다.

반데어로에 선생은 우리를 초청하면서 이렇게만 당부하셨지. 때문에 이 계획에 참여한 건축가들은 정말로 자유롭고 창의적으

● **미스 반데어로에**(1886~1969) 독일 출신의 20세기 대표 건축가. 전통적인 고전주의 미학과 근대 산업이 제공하는 소재를 교묘하게 통합하였으며, 유리와 철강에 관심을 보였습니다. 대표작으로 바르셀로나 국제박람회의 독일관(1929), 시카고의 레이크쇼어드라이브의 아파트(1951) 등이 있습니다.

탄생, 르 코르뷔지에

로 주택 설계를 할 수 있었단다. 난 두 채의 집을 지었는데, 그중 하나는 시트로앙 주택을 실현시킨 거였어.

우리는 일을 하면서 정말 신기한 점을 발견했어. 많은 건축가가 자신만의 색채를 담아 건축한 주거 단지가 마치 한 사람이 디자인한 것처럼 매우 조화로웠거든.

33동으로 이루어진 주거 단지가 완성되자 사람들은 건축물의 자연스러운 조화에 놀랐단다. 하지만 난 하나도 이상하지 않았어. 참여한 건축가들의 표현 방식과 그들이 선택한 건축 재료는 다양했을지 모르지만, 예술과 산업이 만나야 한다는 생각은 모두 같았거든. 그러니 당연히 조화로울 수밖에.

1927년에 완성된 주거 단지는 수공업 사회에서 산업 사회로의 변화를 고스란히 담고 있는 새로운 주택 실험 장소의 대표로 알려지게 되었단다. 이곳은 지금도 건축가 지망생들의 유명한 견학처란다.

이 주택 단지에는 이것 말고 또 재미있는 사실이 있단다. 바로 프랑크푸르트 부엌frankfurt kitchen이라고 불리는 시스템 부엌이야. 그레테 슈에테 리홀츠키Grete Shuette-Liholtzy라는 사람이 1926년에 디자인했지. 이 부엌은 주부를 가사 노동으로부터 해방시킨 가히 혁명적인 공간이었어. 6.5제곱미터의 면적에 붙박이 싱크대와 찬장뿐 아니라 오븐, 다리미판 등 가사에 필요한 모든 설비를 갖추어

르 코르뷔지에, 건축가의 길을 말해 줘

주부의 동선을 최소화 하도록 배치했지.

또 이 부엌은 음식을 조리할 때 나는 냄새를 밖으로 배출하기 위한 환기 장치도 있었고, 주방 가구 아래를 청소할 필요가 없도록 가구를 바닥에 밀착시킬 정도로 세심하게 디자인했단다. 친구들이 집에서 보는 현대식 부엌의 기본형이라고 생각하면 돼.

바이센 호프 주거 단지●에 참여한 건축가들이 이 새로운 부엌을 그냥 지나쳐 버렸겠어? 당연히 적극 활용했지. 표준화된 주방은 공장에서 생산해서 현장에서 조립 · 시공했으니 공사도 정말 쉬웠단다.

10,000제곱미터에 겨우 33동의 주택이 있는 주거 단지였지만, 사회에 던진 메시지는 아주 강력했어. 산업과 예술이 어떻게 만나야 하는지를 제대로 보여 줬지. 참여한 건축가들의 열정도 있었겠지만, 프랑크푸르트 부엌 같은 최신 기술이 있었기에 진정한 주택 혁신을 할 수 있었다고 생각해.

● 바이센 호프 주거 단지

탄생, 르 코르뷔지에

난 치장하지 않겠어

나와 친분이 있는 은행가 라울 라 로쉬 씨의 집을 짓게 되었어. 마침 나의 친형 알베르도 집이 필요했어. 난 라 로쉬 씨와 알베르의 집을 붙여서 짓도록 권유했단다.

이 집은 3층으로 되어 있는데, 라 로쉬 씨 주택은 1층은 현관과 거실, 2·3층은 갤러리와 서재 침실 등으로 계획해 주었단다.

이 집은 라 로쉬 씨뿐 아니라 나도 무척 만족한 작품이야. 그래서인지 이후 프랑스의 재력가들의 주택 설계 의뢰가 계속 들어왔지.

1927년에는 슈타인 주택을 가르시 지역에 설계했고, 1928년에는 카르타고 주택을 1931년에는 사보아 주택을 건축했단다.

이 주택들은 모두 부유한 사람의 것이란다. 하지만 고급 주택을 설계하면서도 한 번도 나의 생각을 버리지 않았어. 이 모든 건축물은 소박한 재료로 지었지.

이렇게 네 가지 형식의 주택을 건축하면서 드디어 나만의 건축 언어를 확실하게 찾게 되었단다. 특히 사보아 주택을 짓는 과정에서는 과거와 다른 이 시대의 건축이 무엇인지 완전히 정리할 수 있었지.

사람들은 내 삶을 참 재미있어 하더군. 어떤 때는 나의 생각을 관철시키기 위해 고집불통처럼 행동하다가도, 어떤 경우에는 돈 많은 재력가와 타협도 했으며, 건축을 위해서라면 정치적 이념 따위 상관하지 않고 살았다는 점도 그랬고……

인생을 돌이켜 보면 건축을 이해하기 위해 방랑하던 시기가 있었어. 화가로 4년, 오장팡과 함께 〈에스프리 누보〉라는 잡지를 펴내며 글쓰기에 매달리기를 5년. 이후 1928년부터 나는 조형에 관한 연구도 시작했지.

사람들은 쓸데없는 시간 낭비라고 생각하나 보더라고. 하지만 모든 일에는 준비 과정이 있는 게 아니겠어?

집에 고기가 있어서 요리를 한다고 치자고. 고기라는 같은 재료를 가지고 어떤 이는 불고기를, 어떤 이는 튀김을 만들 수도 있을 거야. 그에 따라 필요한 재료를 준비해야겠지? 게다가 같은 불고기 요리를 했다고 해도 누가 요리했느냐에 따라 맛도 다 다를 테고.

요리가 그런데, 하물며 좋은 건축을 위한 재료 준비에 이 정도 세월은 필요한 거 아닌가? 이러한 준비 과정에서 특히 5년 동안의 글쓰기 작업은 가장 중요했단다.

글을 쓰면서 나는 어지럽게 흐트러져 있는 서랍 속을 정리하듯 나의 생각을 정리할 수 있었으니까. 그렇게 글을 쓰며 나의 생각은 잘 정돈되어 갔지만, 내 글을 읽은 독자는 더욱 혼란스러웠던 모양이야. 그래서 오해도 많이 샀지.

탄생, 르 코르뷔지에

"장식이 필요 없다고? 기계에 미쳐 건축을 망치려 드는군."

그런데 말이야, 나는 이렇게 말하는 사람들이 과연 정말로 내 글을 읽기는 하고 그런 소리를 하는 건가? 의심스러웠단다.

그래서 내가 쓴 글을 간략하게 소개해 주려고 해.

다뉴브 강의 한 농부는 선택했다. (…)

'내가 매일 쓰는 항아리와 매일 입는 옷은 한결 같고 매끈한 회색이다.'라고 농부는 말했다. 그러나 철도는 농부에게 마치 진짜 꽃처럼 멋진 장미꽃 무늬, 바다 조개나 금빛의 넝쿨손 잎 모양으로 장식된 우아한 항아리를 가득 실어 왔다.

농부는 그 외형에 금방 현혹되어, 항아리의 품질 따위는 신경 쓰지 않는다. 전통문화에 대한 신념 따위도 잊어버린 지 오래다. 농부는 장식에 압도되어 종이 되고 전통문화가 무너지도록 내버려 두었는데, 이는 기차가 닿는 지구의 모든 곳에서 벌어지고 있다.

산업가는 말했다.

"겨우 이 가격 조건에 맞추려면 나는 싸구려 물건만을 생산 할 수밖에. 그러나 사람들은 모를 거야. 싸구려인지. 장식으로 치장해서 숨기면 누가 알겠어? 장식이 나를 구원해 줄 거야. 그래 모든 것을 장식으로 덮어 버리는 거야. 장식은 결함을, 흠결을, 모든 단점을

르 코르뷔지에, 건축가의 길을 말해 줘

감추어서 본질을 알 수 없게 해 주지."

본질의 눈을 가리는

모든 철제품 위의 장식

모든 직물로 만든 제품 위의 장식

모든 식기류 위의 장식

모든 종이 제품 위의 장식

모든 유리 제품 위의 장식

나는 장식을 거부한 것이 아니라, 치장을 거부한 거였어. 본질을 더욱 빛나게 하는 장식을 거부한 것이 아니라, 본질을 볼 수 없게 하는 속임수로서의 치장을 거부한 거지.

산업가의 말처럼 값싸게 물건을 만들어 놓고, 치장하는 데 노력할 것이 아니라, 사람들이 어떻게 하면 편리하게 이용할 수 있을까에 노력을 기울여야 한다는 거야. 그게 상품의 본질 아니겠어? 건축이든 제품이든.

생각해 보니 내 글을 읽은 사람들이 화낼 만한 글을 쓰긴 한 것 같아. 장식으로 치장하면 물건이 싸구려인지 못 알아본다며 사람들의 안목을 깎아내렸으니까. 내가 너무 심했나?

탄생, 르 코르뷔지에

건축물은 이렇게 만들어져요

책 내용에도 나왔지만, 르 코르뷔지에가 설계만 하고 제대로 건물을 짓지 못한 적이 많습니다. 왜 이런 걸까요?

건축은 모든 분야의 지식, 특히 미적·구조적·경제적 지식, 재료나 기계, 전기 또는 화학 지식을 포함한 기술과 예술의 종합 결집체랍니다. 다른 산업의 제조 공정과 비교하면 일반적으로 건축은 규모가 크고 참여하는 사람들의 직종이 다양하며, 특히 현장에서 작업이 이루어진다는 점이 달라요. 아무리 설계를 잘하고 좋은 자재를 골라서 건축을 하려고 해도, 현장에서 일하는 건축 시공에 함께 참여한 다양한 시공 업체들, 시공 업체에 소속된 수많은 사람을 잘 관리하지 못하면 건축 시공 일정이 연기되는 것은 물론이고, 건축물의 가치가 떨어지지요. 심한 경우에는 시공이 아예 중단되는 경우도 있답니다. 그래서 르 코르뷔지에가 설계만 하고 준공하지 못한 일이 많았던 거예요.

르 코르뷔지에가 어떤 역할을 했는지, 건축 설계 전 과정을 통해 살펴보겠습니다. 아무것도 없던 공간에 하나의 건축물이 들어서기 위해서는 계획·설계·시공·사후 관리라는 과정을 거칩니다. 계획부터 설계 조직에 의한 설계도 작성 작업과 현장에서 설계도에 지시된 대로 작업하는 것으로 나눌 수 있지요. 즉, 인간의 생활을 담기 위한 기능을 공간에 조직적으로 엮어 내는 작업이 설계라면, 이 목표를 처음의 가장 추상적인 단계에서 구체적인 형상으로 나타내는 과정이 건축 설계의 핵심 작업이라 할 수 있어요.

계획 과정을 살펴볼까요? 건축해야 할 환경에 따라 방법이 다르나, 보편적으로 착상(着想) → 분석(分析) → 종합(綜合) → 전개(展開) → 이상화(理想化)라는 기본적인 틀 속에서 이루어집니다. 짓고자 하는 건축의 성격은 이 기본 계획 과정에서 대부분 이루어지며, 건축가의 모든 역량이 발휘되어 성과를 가름하는 가장 중요한 단계입니다. 이렇게 계획 설계가 완성되면, 이를 바탕으로 실제적으로 공사에 임할 수 있는 실시 설계도를 작성합니다.

설계도란 마치 교향악단이 연주할 때 보는 악보와 같은 것으로, 자세한 내용까지 정확하게 기입해야 합니다. 설계도는 토목 · 구조 · 건축 · 가구 · 실내 장식 · 전기 · 위생 · 냉난방 기계 설비, 조경(造景)을 대상으로 하는 설계도와 시방서(示方書, 도면으로 나타낼 수 없는 사항을 문서로 적어서 규정한 것) · 내역서 등을 포함하여 만듭니다.

물론 설계자는 공사가 진행되는 과정에도 함께 참여하여 시공하는 사람에게 자신이 설계한 도면을 해석하여 주고, 설계할 때 없던 문제점이 발견되면 현장에서의 해결책을 제시하기도 하고 감리도 해야 합니다. 이 감리 과정 역시 공사가 설계도대로 이행되는지를 감독하고, 공사가 정확하고, 문제없이 진행되도록 예방하는 중요한 작업입니다. 결국 한번 건축 설계를 하면 공사가 끝날 때까지 전 과정에 개입하고 관리하는 사람이 건축사랍니다.

탄생, 르 코르뷔지에

3

Le Corbusier

도시를
행복하게 만들자

행복한 건축을 위한
첫 번째 도전, 도시 계획

도시는 개인의 자유와 집단 활동의 특권을
정신적, 물질적 측면에서 보장해야 한다.

르 코르뷔지에

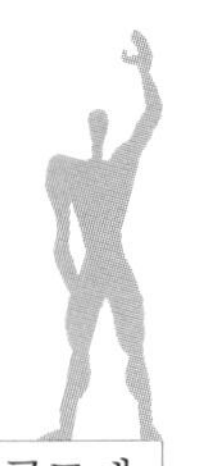

르 코르뷔지에가 주택만 설계한 것은 아니에요. 틈틈이 도시 계획 공모에
참가하면서 그는 자신이 생각하던 행복한 건축의 구체적인 모습을 다양하
게 선보였답니다. 도시에 살려는 사람들을 모두 받아들일 수 있도록 고층
주택도 짓고, 도로와 주택을 분리해서 사람이 집에 있는 동안은 소음이나
기타 공해로부터 시달리지 않도록 설계했지요. 특히 도시에 살면서도 자
연을 한껏 느낄 수 있도록 공원 조성에도 신경 썼답니다.
르 코르뷔지에가 꿈꾸던 행복한 건축이 있는 도시의 모습을 상상해 보아요!

도시는 무엇을 해야 하나?

내가 건축물을 많이 짓기도 했지만, 그만큼 실패도 많이 했단다. 특히, 도시 계획에 있어서는 많이 배척당했단다. 그렇다고 내 생각을 한 번도 굽힌 적은 없어. 고집을 꺾고 만든 건축물은 나, 르 코르뷔지에의 작품이 아니거든.

1922년 여름, 나는 파리의 살롱 도톤에 참가 요청을 받았단다. 도시 계획안을 출품할 생각이었던 나는 전시 운영 담당자에게 도시 계획의 의미가 무엇인지 물었지.

"도시 계획이라 하시면…… 잘은 모르지만, 벤치, 가로등 같은 것이 아닐까요?"

그의 대답을 통해 사람들은 도시 계획을 도시의 시설물을 디자인해 주는 정도로 알고 있다는 것을 알게 됐어.

그래서 나는 나의 도시 계획안에 관해서 아무 설명 없이 출품했단다. 설명해 보았자 대부분은 이해 못할 게 뻔했으니까.

'300만 명을 위한 현대 도시 계획'

이렇게 설명 없이 계획안을 발표하자, 어떤 사람은 맹렬하게 비난하고, 어떤 사람은 찬사를 보냈단다. 사실 대부분의 사람이 비난했어. 설명도 없이 도시 계획안을 내는 행위는 너무 오만한 것

도시를 행복하게 만들자

아니냐고 말이야.

이런 말을 들을 때마다 혼자 읊조리는 말이 있어.

"내 햇빛이나 가리지 마시오."

이게 무슨 말이냐고? 이 말은 고대 그리스의 괴짜 철학자 디오게네스가 알렉산더 대왕에게 한 말이란다.

알렉산더 대왕이 정복하려고 그리스에 도착하자, 그곳 학자들은 앞 다투어 알렉산더 대왕을 찾아가 인사했단다. 그런데 디오게네스만 왕을 찾아오지 않는 거였어. 이유를 알아보니, 그날 볕이 하도 좋아 디오게네스는 거리에서 일광욕을 즐기고 있었대.

"난 그리스를 정복하러 온 알렉산더 대왕이다."

"예, 그러십니까? 난 디오게네스요만."

"디오게네스, 너는 내가 무섭지 않은가?"

"당신은 착한 사람입니까?"

"물론이다."

"내가 착한 사람을 왜 두려워해야 하오?"

"나는 네가 원하는 모든 것을 해 줄 수 있는 사람이다. 원하는 것이 있으면 말해 봐라."

"그저 내 햇빛이나 가리지 않게 좀 비켜 주시겠소?"

"하하, 내가 알렉산더가 아니라면, 디오게네스 당신이 되었으면

르 코르뷔지에, 건축가의 길을 말해 줘

좋겠소."

"이런, 나는 알렉산더만 아니라면 좋겠소."

디오게네스가 알렉산더에게 당당하게 요구한 것처럼, 진리를 추구하는 사람은 지위나 예절 따위에 관심을 가질 필요가 없다고 생각했어. 그리고 무례했던 결과가 아무리 혹독하다 해도 결과를 두려워하지 않았지. 누가 뭐래도 진리는 변하지 않으니까 말이지.

이 계획안은 정부는 물론, 설계한 나 자신도 현실적으로 실현하기 어렵다는 것을 알고 있었어. 하지만 꿈은 이렇게 꾸는 거라고 말이라도 해 보고 싶었단다. 그래서 사람들의 비난에도 선보였던 거지.

이 책을 읽는 친구들에게는 조금 친절해져야겠지? 내가 선보였던 도시 계획안은 이런 점이 달랐어.

도시 계획은 보통 중심 지역이 가운데 있는 원 모양의 환상형으로 계획하는데, 나는 바둑판 무늬 같은 격자형으로 계획했어. 이때 당시 서양 사람들에게는 생소했겠지만, 동양에서는 전통적으로 격자형 도시 계획을 했단다.

'속도를 마음대로 지배하는 도시는 성공도 지배한다'는 것이 내 생각이었어. 속도를 제어할 수 있으려면 도시는 직선으로 계획해야 했지.

도시를 행복하게 만들자

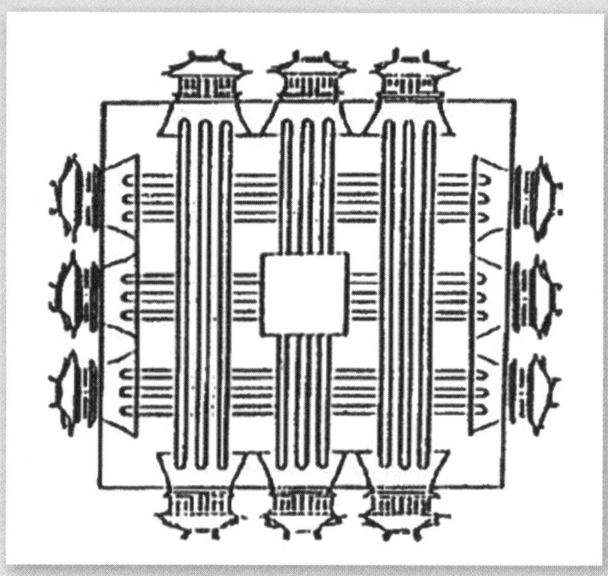

중국 전통 도시 계획 명나라 '주례周禮 고공기考工記'

지금의 친구들이 보기에는 어때? 중국의 전통 도시 계획이 지금 서울의 도로 지도처럼 보이지는 않니? 내가 이 도시 계획서를 작성하던 때는 자동차의 대량 생산이 이미 본격화 된 1922년이었어. 앞으로도 자동차가 많아진다면 길이 구불구불해선 제대로 다니기 어렵다고 판단했지. 그래서 새로 계획되는 도시라면 도로 계획은 가로 세로로 곧은 격자로 하는 게 낫다고 생각한 거야. 도시는 사람이 1, 2년 살고 떠나는 곳이 아니라 100년이고 200년이고 세대를 바꿔 가며 사람이 사는 공간이니까. 미래의 모습도 고민한 거야. 이때로부터 100년 가까이 세월이 지난 세월을 사는 여러분이 보니 내 생각이 틀리지 않은 것 같지?

모든 사람을 받아들이는 입체 도시

'현대 도시 계획'은 파리를 대상으로 하지 않았고, 도시 계획에 대한 표준 생각을 담았을 뿐이었단다. 그래서 이번엔 파리를 대상으로 구체적인 도시 계획을 해 보았지.

우선 프랑스 3대 자동차 회사인 푸조, 시트로앙, 부아쟁에 재정 지원을 요청했어. 셋 중 지원하겠다고 나선 곳은 부아쟁 회사였어.

이름하여 '1925년 부아쟁 계획●'.

당시 파리는, 인구 폭발, 교통 문제, 먼지와 대기오염 등 흔히 우

도시를 행복하게 만들자

리가 말하는 환경 문제가 심각했단다. 그래서 나는 모든 것을 원점으로 돌려서 완전히 새롭게 디자인해야 한다고 주장했지.

부아쟁 계획에서 해결할 점은 네 가지였어.

첫 번째, 도심지의 혼잡을 완화시킨다.

두 번째, 도심의 인구 밀도는 증가시켜야 했고.

세 번째, 교통 수단을 늘려야 교통 혼잡을 해결할 수 있겠지?

네 번째, 땅은 사람들을 위한 녹지로 만들어야 한다.

이것이 정말 현실적으로 가능할까? 그동안 다양한 원인에 의해 좌절을 겪어 본 나는 최소한 기술적으로라도 가능하게 해 보겠다는 의지가 있었지.

내가 꿈꾸는 미래 도시는 보행자와 자동차가 다니는 거리를 철저히 분리하는 거였어.

도시 중심부에는 60층짜리 십자 모양 사무용 건축물을 두었어. 고층 건축물의 외부는 모두 유리로 감싸도록 했고. 이런 걸 가리켜 '커튼 월'이라 불러. 고층 건물이니 뼈대는 철골로 디자인했지.

중심부의 땅은 95퍼센트를 공원으로 만들었어. 교통수단은 중

● 부아쟁 계획

앙에 있는 7층짜리 도로를 통해 다니도록 분리했지. 맨 아래 층부터 한 층씩 장거리 철도, 교외 철도, 지하철, 보행자 도로, 고속도로, 맨 위층은 공항. 도시 한가운데를 교통의 중심으로 계획한 거야.

하지만 원대한 나의 계획에 대한 사람들의 반응은 냉담했단다. 도시를 아예 새롭게 만드는 비용 문제가 가장 큰 이유였지. 나는 그들을 이렇게 설득했어.

"여러분! 제 계획안대로 도시를 건설하면, 토지의 이용 밀도가 네 배가량 높아집니다. 그러면 당연히 땅값이 오르겠지요? 결과적으로 돈을 낭비하는 것이 아니라 돈을 버는 것입니다."

그러자 사람들은 또 이렇게 말하더군.

"저 사람은 건축가야? 장사치야? 그럼 도시 계획이 가치를 창출한단 말씀이시군요? 그렇다면, 고층 건축물은 전쟁 때 공습 목표가 되기 십상인데, 거기에 대한 대책도 있나요?"

"외국인들이 도시에 투자하게 하면 됩니다. 우선 이해관계가 있는 투자국은 이 도시를 폭격하지 않을 것이고, 폭격한다고 해도 우리만 손해 보는 일은 없을 테니까요."

나의 답변이 썩 맘에 들지 않았는지, 아예 도시를 외국에 팔아 버리라는 말을 끝으로 이 계획도 실현되지는 못했단다.

하지만 이런 도시 계획을 구상한 사람은 나뿐이 아니었어. 오랜

도시를 행복하게 만들자

옛날, 레오나르도 다빈치도 나와 같은 생각으로 미래 도시를 스케치 한 적이 있다고!

빛나는 도시*로, 행복한 건축을!

1930년이 되었지만, 아직도 나의 도시 계획을 이해해 주는 사람보다는 현실성 없다고 쓰레기 취급하는 사람이 많았단다. 이번엔 빛나는 도시로 그들을 사로잡겠다고 생각했지.

고층 건축물 주위에 낮은 층의 공동 주택을 짓는 거야. 지그재그 모양으로 두는 거지. 주거 단지 중앙에는 공원과 학교가 있고, 고층 아파트이니 엘리베이터는 필수! 필로티_{필로티의 뜻은 이 책 124~126쪽 참고} 상부는 주민들이 소통하는 공간으로, 필로티 아래는 보행자들이 자유롭게 보행하는 공간으로 계획했고. 중앙에 있는 공원에는 대형 수영장이 있어 누구나 물놀이를 즐길 수 있도록 했단다. 옥상 정원에서 일광욕하는 맛도 빼놓을 수 없지.

얘길 듣다 보니, 지금 친구들이 살고 있는 아파트 단지의 모습

* 빛나는 도시

르 코르뷔지에, 건축가의 길을 말해 줘

과 비슷하다고? 아마, 이때 내 생각을 기본으로 해서 많은 건축가가 지금 친구들이 살고 있는 아파트 단지를 설계했을 거야.

1930년대에 이 계획을 발표했으니, 80년은 앞선 생각이었던 거지. 생각이 앞선 건 좋은 일이긴 하지만, 이해하는 사람이 별로 없어서 동시대 사람들과 의견을 활발하게 나눌 수 없다는 건 불행한 점이기도 해. 심지어 난 사람들로부터 '비현실적인 도시 계획을 했다'는 소리까지 들었다니까.

도시에 살고 싶은 사람은 얼마든지 받아들일 수 있도록 주택은 고층화시키고, 그러면서도 가까이서 자연을 느낄 수 있다면 얼마나 행복하겠니? 난 오직 사람들이 행복하기 바라며 건축을 했거든.

현재 친구들이 사는 곳이 내가 계획한 도시 형태와 같아 보이지만, 지금의 도시는 내가 꿈꾸던 도시는 아니야. 내가 계획한 것은 도시 건축의 형태가 아니라, 도시에 사는 사람들의 삶이었고, 그들의 삶을 행복하게 디자인하고 싶었단다.

도시를 행복하게 만들자

사람이 행복한 도시를
실현하다

인도에는 '람 브하로자Ram Bharosa'라는 말이 있습니다.

이것은 전혀 보수를 기대하지 않고 봉사하기를 지향하는

최고선에 대한 굳은 신앙을 의미합니다.

나는 그런 신념으로 살았으며 또한 이도시의 창조가 거기에 걸 맞는 사람,

즉 당신의 손앞에 놓일 것이라는 기쁜 확신을 가지고 있습니다.

P. L. 바르마, 인도 기술자가 르 코르뷔지에에게 보낸 편지 중

매번 도시 계획으로만 그치던 르 코르뷔지에에게 드디어 기회가 왔습니다. 1947년 인도와 파키스탄이 분리 독립하면서 펀자브 정부가 탄생했는데, 찬디가르라는 곳에 도시 계획을 해 달라는 요청이었지요. 도시 계획에 드는 비용을 문제로 좌절된 적이 여러 번 있었기 때문에 르 코르뷔지에는 가난한 정부의 의뢰라 일을 맡을지 잠시 망설였습니다. 하지만 결국 그는 자신이 이상으로 삼던 행복한 도시를 실현하기 위해서 찬디가르로 떠났습니다. 그가 계획한 '사람이 행복한 도시'는 어떻게 생겼을까요?

르 코르뷔지에, 건축가의 길을 말해 줘

야마사키는 왜 비운의 건축가가 되었을까?

그럼 지금 도시 사람들이 행복하지 않아 보이느냐고?

친구들의 이해를 돕기 위해 비운의 건축가 이야기를 들려줄게.

1940년대와 1950년대 미국의 미주리 주 세인트루이스로 사람들이 몰려들었단다. 시 당국은 그들이 살 집을 마련하지 못해 난감해했지. 그뿐인 줄 아니? 그나마 있는 집에는 화장실도 제대로 갖추어져 있지 않아 대부분 공동 화장실을 사용했단다. 집이 없는 것은 개인적인 문제인데, 그것을 시가 고민하느냐고?

집은 춥거나 더운 날씨로부터 우리 몸을 보호해 준다는 건 알고 있지? 사람이 집 없이 밖에서 잠을 자다가 얼어 죽거나 폭염에 죽기라도 하면 아침마다 시체를 치워야 하는데 그게 시가 고민할 일이 아니고 뭐니? 또 집이 없는 사람 중의 몇몇은 거리를 떠돌며 여러 가지 폭력적인 문제를 일으켰단다. 대낮에도 거리를 지나다니기가 무서울 정도였으니, 당국이 나설 수밖에.

그래서 좋은 환경의 집을 지어 주기로 했어. 우여곡절 끝에 건축가 미노루 야마사키_{Minoru Yamasaki}●에게 설계를 의뢰했지. 그는

● **미노루 야마사키**(1912~1986) 일본 태생의 미국 건축가. 9·11 테러가 있었던 무역 센터 빌딩의 건축가이기도 합니다. 그는 자신이 건축한 건축물이 물리적인 수명이 다 하지 않은 채 두 번이나 파괴된 비운의 건축가입니다. 한 번은 계획이 잘못되어서, 한 번은 테러에 의해서 말이지요.

나의 도시 계획에 영향을 받아 '푸루이트 이고 아파트'를 근사하게 지었단다. 단지 안에는 멋진 공원과 쇼핑센터도 만들었지.

그런데 문제가 있었어. 사람들이 아파트에 낙서하고, 유리창을 깨부수고, 아파트 단지 구석에서 싸움질을 하는 등 엉망이었단다. 집을 지으면 해결될 줄 알았던 문제가 여전히 골칫거리로 남았던 거야. 문제가 지독히도 심각했는지, 비싼 돈을 들여 지은 아파트 단지를 시 당국은 부수기로 결정했어.

도대체 아파트에 살던 사람들은 왜 그렇게 문제를 일으켰을까? 자신들이 살기에 너무 좋은 집이었던 거야. 그들의 생활 방식이나 수준을 고려하지 않고 무조건 비싸고 좋은 집을 지어 준 거지.

건축은 사람들의 삶을 디자인해 주는 것이란다. 그런데 프루이트 이고 아파트를 설계할 때는 그곳에 살 사람들의 삶을 고려하지 않은 것이 문제가 된 거야. 이 아파트가 부수어지는 것을 보면서 행정가들과 건축가들은 많은 생각을 하고 교훈도 얻었단다. 건축에서 가장 중요한 것은 사람이라는 것을…….

비록 대다수의 계획이 실현되지도 못하고 무산되었지만, 여러분이 내가 세운 도시 계획을 볼 때는 외양이 아닌, 사람들이 이곳에서 꿈꿀 수 있는가, 행복할 수 있는가를 생각하고 봐 주었으면 좋겠어.

르 코르뷔지에, 건축가의 길을 말해 줘

4일만에 끝낸 도시 계획

이렇게 여러 번 도시 계획안을 발표했지만, 번번이 거절당했단다. 나의 혁신적인 구상을 설득하는 과정에서 사용한 표현이 공무원들의 마음을 거슬리게 한 것 같아. 게다가 난 교섭에는 별로 능하지 않았거든. 그래서 어떤 정치인은 나를 공산주의자라고 비난하고, 또 어떤 이는 파시스트라고 몰아붙이기도 했단다. 사람이 행복한 도시를 만들겠다는 나의 꿈이 이렇게 무산되는가 싶었어.

그러던 1950년 가을 어느 날이었지.

"르 코르뷔지에 선생님 계십니까?"

"접니다만, 누구신지요?"

"우리는 펀자브 정부를 대표해서 선생님께 요청이 있어 왔습니다. 새로운 도시가 필요해서요."

1947년 인도와 파키스탄이 분리 독립하면서 인도에 펀자브 정부가 탄생했단다. 정부는 찬디가르에 수도를 세웠는데, 이곳의 도시 계획을 해 달라는 거였어. 나는 새로운 도시에 관심을 가지고 있었고, 연구도 꾸준히 했던 터라, 드디어 그동안의 연구가 빛을 발할 기회가 찾아온 거라고 생각했단다. 하지만 그동안 많은 실패를 경험했기 때문에 선뜻 수락할 용기가 나지 않았어.

도시를 행복하게 만들자

내 행동을 눈치 챘는지 그쪽에서 재촉하더군.

"일이 급하답니다. 찬디가르 도시 계획●은 미국 도시 계획가 알버트 메이어가 담당하고 있었는데, 그와 함께 일하던 주임 건축가가 사고로 죽는 바람에 급히 마땅한 건축가를 찾던 도중 선생님을 알게 되었거든요. 우리는 하루 빨리 파키스탄 측에 있는 힌두교도 피난민을 수용해야 합니다."

펀자브 정부의 재촉에도 나는 계속 갈등했단다. 일의 규모도 크고, 시간도 촉박했으며, 펀자브 정부에서 제시한 비용도 터무니없이 적었거든.

물론 내가 일을 할 때 돈 문제로 거절하거나 꺼린 적은 없었단다. 하지만 열심히 계획하고는 건축주 측에서 비용이 많이 든다는 핑계로 포기하는 바람에 제대로 실현시키지 못한 일이 여러 번 되다 보니, 또 실패할지 모른다는 두려움과 망설임이 있었지.

일단 수락은 했지만, 일을 하면서도 스스로 '바보 같다'고 생각한 적이 한두 번이 아니란다. 임시 정부의 말을 믿고 도시 계획을 하다니 말이야.

● 찬디가르 도시 계획

른 코르뷔지에가 디자인한 인도 찬디가르 도시의 맨홀 뚜껑.
도시의 부지가 섹터로 분할된 모습을 본떴다.

수락을 했더니, 이번엔 펀자브로 전문가를 파견해 달라고 강력하게 요청하더라고. 그때 내 사촌 동생 피에르 생각이 났어. 피에르는 제2차 세계 대전이 한창이던 1940년, 그레노블에 숨어 레지스탕스에 참가하면서 나와 연락을 끊고 살았단다. 하지만 용기 내어 그에게 도움을 요청했어.

1951년 피에르는 내 손을 잡아 주었지. 하지만 그와의 관계가 완전히 좋아진 것은 아니어서 서먹했단다.

"형, 나는 단지 일 때문에 참여한다는 걸 명심해요."

피에르는 찬디가르 도시 계획의 주임 건축사로 나를 도와주었어. 2월 피에르와 나는 인도로 향했어. 그곳에서 미리 파견 나가 있던 다른 건축가들과 함께 작은 호텔에서 4일 만에 기본 계획을 그려 냈단다.

어떻게 4일 만에 도시 계획이 가능하냐고? 하하, 내 그런 질문을 할 줄 알았지. 하지만 정말 가능한 걸. 행정 센터를 분리한다, 업무 센터를 도시 안에 만든다, 부지를 섹터로 분할한다는 기준은 내가 찬디가르 도시 계획에 참여하기 전부터 이미 계획되어 있는 상태였으니까. 또 전임자였던 메이어의 초기 도시 계획안도 참조했거든. 정확히 말하자면 도면을 4일 만에 그렸다는 말이지, 계획을 끝냈다는 게 아니란다. 찬디가르의 맨홀 뚜껑까지 디자인할 정도로 매우 꼼꼼하게 도시 계획을 했다는 점을 알아 달라고.

평화와 화합의 도시로

그럼 나는 찬디가르 도시 계획에서 어떤 일을 했느냐고?

인간은 노동, 여가, 휴식을 순환하면서 살아. 모든 것이 균형을 이루어야 함은 물론이고, 노동마저 즐거움의 대상이 되이야 행복한 삶을 살 수 있단다.

그런데 당시 도시 계획은 일하는 장소, 주거 장소, 휴식이나 오락을 즐기는 장소를 엄격하게 분리해서 계획했어. 직장과 집의 거리가 멀어질 수밖에 없었지. 그러니 출퇴근하기도 벅차고, 하루 짬을 내어 잠시 근교로 나가 여가 시간을 가지려고 해도, 이동 시간이 부담돼서 엄두도 낼 수 없었던 거야. 내가 아는 어떤 건축 기술자는 뉴욕에서 집까지 출퇴근하는데, 왕복 3시간이 걸렸고 교통도 좋지 않아서 기차와 지하철, 자동차로 갈아타야 했어. 집을 치우고 관리하는 데 여가 시간 대부분을 소비했고. 오죽하면 그의 입에서 "우리 생활은 형편없어요."라는 소리가 나왔겠니.

그래서 난 사람들이 걸어서 다닐 수 있는 적당한 크기로 도시를 계획하고, 그 범위 안에 삶에 필요한 여러 가지 시설을 고루 계획해야겠다고 생각했어.

그렇게 해서 고안해 낸 것이 사람들의 거주에 알맞은 범위인 가로 1,200미터에 세로 800미터 크기의 '근린 주구'였단다.

도시를 행복하게 만들자

전임 도시 계획자인 메이어의 계획안과 다른 점이 또 있었어. 바로 도로를 직선으로 곧게 편 거지. 예전에 '300만 명의 현대 도시'를 계획했을 때 생각해 두었던 효율적인 도로를 드디어 실행할 수 있게 되었달까?

현대의 건축가들 중에서는 내가 설계한 격자 도로가 당시 인도의 환경과 맞지 않는다고 지적하기도 하지. 그래, 솔직히 격자 도로에 도심에 고층 건물이 밀집된 도시 계획은 서양의 환경에서 이상적인 도시 계획이긴 했어. 하지만 나의 건축 스타일을 알면서도 펀자브 정부가 나에게 건축 의뢰를 했다는 것은 그들이 바란 것 역시, 르 코르뷔지에 식 도시 계획이 아니었을까 하고 생각해.

마지막으로 찬디가르 도시 계획에서 가장 중요한 것은 '평화와 화합이란 서로 주고받는 것'이라는 말을 하고 싶었단다.

인도는 1947년에 독립했어. 그러나 이 나라에서 평화는 아직 자리 잡지 못했지. 그래서 평화가 자리 잡을 수 있도록 도시 계획에 평화의 메시지를 담아내려고 애썼어. 그 메시지는 26미터짜리 청

● 펼친 손 르 코르뷔지에는 건축의 기본은 사람의 몸이라고 생각했다. 그래서 메시지를 손에 담아 표현을 하곤 했다. 손은 이집트 상형 문자로 '신성, 카'를 상징할 뿐 아니라, 고대부터 중요한 작업 도구로서 인간 그 자체를 의미하기 때문이다.

동으로 만든 '펼친 손*'을 통해 알렸지.

처음에 펀자브 정부는 이 어마어마한 규모의 기념비 세우기를 부담스러워했어. 그래도 이 평화의 상징은 꼭 만들고 싶었단다. 내가 쓴 방법은 뭐였을 것 같니?

네루 수상님!

인도는 오늘날 사라져 버린 기계 시대 최초의 동란의 세기를 살 필요는 없습니다. 반대로 인도는 모든 것이 가능해졌을 때 눈을 떴지요. (…) 인도는 새로운 국가는 결코 아니며 가장 오랜 문명을 지닌 나라입니다. 인도는 '펼친 손'의 상징을 건축하는 것을 반가워할 것입니다.

이 손은 부유함을 받기 위해 벌리고 있고, 또 풍요로움을 다른 사람에게 나눠 주기 위해 벌리고 있습니다. (…)

르 코르뷔지에

나는 인도 수상한테 편지를 보내 '펼친 손'의 의미를 적극 설명했고, 수상은 기념비 건축을 위해 개인 돈을 기부했지. 그래도 돈은 턱없이 부족했어. 1952년에 디자인한 '펼친 손'은 내 100번째 생일 하루 전날인 1986년에 찬디가르 법원 옆에 세워졌단다.

도시를 행복하게 만들자

도시 계획은 건축 설계와
조금 달라요

도시 계획이란, 사람이 경제 · 소비 · 여가 생활을 하는데, 필요한 시설물을 능률적이고 효과적으로 공간에 배치하는 일을 말해요. 생활에 편리한 시설물을 계획을 통해 배치하려면 여러 가지 절차와 과정을 밟아야 하지요.

가장 먼저 인구 증가, 교통량, 주택 수요, 문화 · 교육 충실도, 미래에 산업 구조는 어떻게 변할 것인가, 생활 양식은 어떻게 변할 것인가 등에 관한 통계 자료를 수집, 분석해야 해요. 이렇게 분석한 자료를 바탕으로 장기 · 중기 · 단기 간에 걸친 예측을 합니다.

예측을 통해 나타난 각종 시설물 수요 변화에 대처할 수 있도록 목표를 설정해 놓고 이것을 실현하기 위한 장기 계획을 수립하지요. 이것을 도시 기본 계획이라고 해요. 기본 계획에는 각종 지표와 목표, 이것을 실현하기 위한 정책 수단 등이 포함되어 있기 때문에, 행정 도시, 상업 도시, 공단 지구 등 그 도시가 지향하는 기본적인 성격이 나타납니다.

기본 계획과 동시에 중기 개발 계획을 세워요. 개발 계획은 기본 계획의 장기 성과는 성격이 다르며, 좀 더 세부적이고 실현 가능성이 있는 사업들로 구성됩니다. 그리고 이것을 뒷받침해 주는 중 · 단기 재정 투자 계획을 작성하지요. 단기 계획에는 그 해에 집행할 집행 계획이 포함됩니다.

도시 계획은 이와 같이 장기 · 중기 · 단기 세 가지 계획을 동시에 세워야 할 뿐만 아니라 물리 계획, 사회 및 경제 계획이 입체적으로 짜인다는 특징이 있어요.

르 코르뷔지에가 참여했던 찬디가르 도시 계획은, 그가 합류하기 전에 도시 환경에 대한 각종 지표와 해당 도시의 정체성을 어떻게 가져가겠다는 목표는 이미 설정되어 있었습니다. 도시 기본 계획은 끝난 상태에서 시설물의 디자인과 도면을 그려야 하는 단계에 합류한 것입니다.

도시 계획은 오래 전부터 있었습니다. 시대마다 또한 도시가 위치한 환경마다 가장 중요시되는 기능을 목적으로 도시 계획을 세웠지요. 중세 시대에는 외부로부터의 침략에 대비하는 것을 가장 중요시 하여 성벽으로 에워쌌는가 하면, 바로크 시대에는 원형 광장에 기념적인 건축을 배치하여 이것들을 폭넓은 직선도로에서 방사선 상태로 결합하는 방식을 사용했지요. 이 기법은 도시 계획의 기본이 되어 근대까지 이어졌습니다. 19세기 산업 혁명 이후, 영국은 도시 위생 상황 개선과 빈민가 제거를 중심으로 하는 도시 계획을 발달시켰고, 20세기에는 도시의 편리성과 전원의 건강을 합쳐서 전원도시의 이상론을 내세웠지요.
청소년 여러분이 살게 될 미래 도시는 어떻게 될지 상상해 보는 건 어때요?

도시를 행복하게 만들자

4

Le Corbusier

건축가는

행복을 짓는 사람

르 코르뷔지에 식
건축이 자리잡다

"위대한 시대가 시작되었다. 거기에는 새로운 정신이 존재한다.
주택 문제는 이 시대의 문제이다. 사회적 균형을 해결할 수 있는 열쇠는
바로 건축에 있다."

르 코르뷔지에, 《건축을 향하여》 중에서

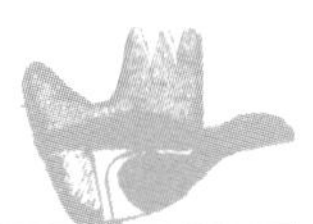

가난한 사람도 자기 한 몸 뉘일 집을 마련할 수 있도록 값싼 주택을 설계하고, 사람이 행복한 도시를 계획하는 등 르 코르뷔지에는 평생 '사람이 행복한 건축'을 실현하기 위해 수많은 시도를 했어요. 그리고 마침내, 그가 생각하는 행복의 건축 언어를 '근대 건축의 5가지 개념'으로 정리했습니다. 사람이 집에서 안락하고 행복함을 느끼기 위해 필요한 최소한의 건축 개념은 무엇인지 르 코르뷔지에가 찾아낸 비법을 엿볼까요?

근대 건축의 개념 5가지를 정의하다

내가 경험한 이야기를 듣고 나니, 건축물이 오직 건축가의 것만은 아니라는 걸 알겠지? 건축물은 그곳에 사는 사람들의 것이기도 하다는 것 말이야.

그러면 사람들에게 좋은 건축물을 만들어 주려면 어떻게 해야 할까? 체계적으로 차근차근 배우는 것도 좋겠지만, 여러분이 건축가라면 사람을 위한 건축물 만들기 위해 무엇을 주의해야 할지 함께 생각해 보자.

보통 집은 땅에 맞닿게 해서 짓지? 그런데 내 생각은 좀 달라. 땅에 맞닿은 1층은 땅으로부터 습기가 올라와서 사람의 건강을 해칠 수도 있단다. 건물 벽 속으로 습기가 배어 곰팡이가 필 수도 있고 말이야. 게다가 문을 열면 밖에서 집 안이 훤히 들여다보이니 사생활을 제대로 보호받을 수도 없지. 그럼 결론은 하나야. 1층에는 건축물을 짓지 말자고!

집의 외부 공간에 대해서 생각해 보았으니까, 집 안에 대해 생각해 볼 차례지? 내부 공간은 그 집에 누가 사느냐에 따라 이용하는 방식이 다 달라. 그렇다면 내부 공간은 자신이 사는 방식에 따라 자유롭게 벽을 세울 수 있도록 해야겠지? 또, 태양이 떠 있는

건축가는 행복을 짓는 사람

시간 동안은 빛이 충분히 들어와서 집안이 밝으면 좋을 거야. 기분도 좋거니와 집 안이 어두울 때보다는 조명비도 절약할 수 있으니 더욱 좋지. 그러려면 아무래도 옆으로 긴 창이 효과적이겠지?

이제 큰 고민은 끝났어. 두 가지 생각을 제대로 실현할 수 있도록 구체적으로 생각을 발전시키는 단계로 넘어가야지.

내가 도미노 주택을 처음 발명했을 때 한 이야기가 기억나니? 특별한 기술이 없어도 누구나 쉽게 자기 집을 만들 수 있는 집의 뼈대 말이야. 그것처럼 더 많은 사람이 쉽고 싸게 집을 갖게 된다는 건 좋은 일 아니니? 이런 내 생각을 1926년 '근대 건축의 개념'이라고 정의했단다. 근대 건축의 개념에는 5가지 특징이 있어.

① 필로티

② 옥상 테라스

③ 자유로운 평면

④ 수평의 긴 창

⑤ 자유로운 입면

그냥 이렇게만 말하니까 어렵다고? 다시 차근차근 쉽게 이야기해 줄게.

1층에 건물을 짓지 말자고 했으니, 여기엔 건물을 받칠 기둥만

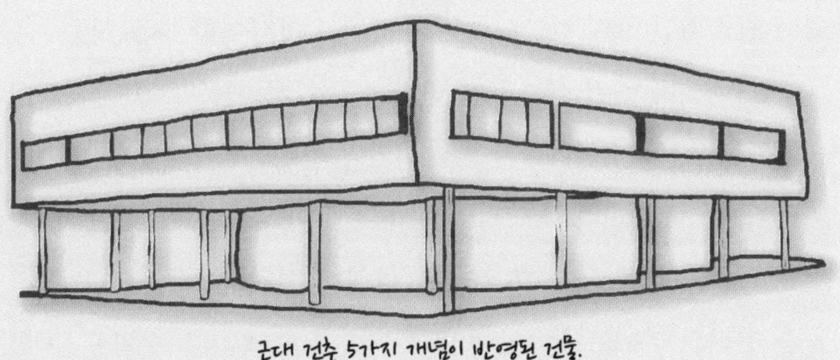

근대 건축 5가지 개념이 반영된 건물.

사보아 주택

두어야겠지? 이 기둥을 가리켜 필로티라고 불러. 필로티를 통해, 땅이 건축물로부터 해방되었다고나 할까?

옥상 테라스는 집의 기능을 유지하는 데 반드시 필요하단다. 콘크리트는 크게 팽창하는 특성이 있어. 그래서 옥상을 얇은 층의 흙으로 덮어 두면 바람에 날아든 씨앗이 이곳에 싹을 틔워 안정적인 층을 만들지. 이렇게 옥상에 만든 테라스가 적절한 습도를 유지하면서 겨울의 추위와 여름의 더위에 끄떡없는 집이 된단다. 건축물 위에 인공적인 땅이 만들어지면서 자연도 가까이할 수 있지.

옛날에는 벽이 건물의 무게를 받쳐 주었기 때문에 갑갑해도 창을 낼 수 없었고, 특정 공간을 넓히거나 좁히는 일도 제대로 할 수 없었어. 마치 우리가 벽면의 의지대로 살아야 하는 것 같았지. 하지만 이제는 필로티가 그 역할을 대신할 수 있게 되었으니, 사람들은 자신의 라이프스타일에 맞게 자유롭게 벽^{평면}을 설치할 수 있겠지?

창을 수평으로 길게 만들면 주변 경관이 아주 잘 보이지. 또 구석구석 햇빛이 들어와 집 안을 고루 밝게 해 준단다.

내가 말한 다섯 번째 특징인 자유로운 입면을 가끔 잘못 해석하는 사람들이 있는 것 같아. 난 통유리로 집을 둘러싸라는 뜻이 아니었단다. 그저 벽면을 그림을 그리기 위한 캔버스처럼 생각하라는 뜻이었어. 그래서 창문이 뚫리는 곳이나 막히는 곳 모두가 나름의 질서를 갖도록 하는 자유란다.

사실 앞에서 말한 네 가지 특징을 반영하다 보면, 다섯 번째 특징은 자연스럽게 나오는 결과란다.

내가 콘크리트 건축가라고?

사람들은 종종 '르 코르뷔지에 건축'이라고 하면 콘크리트와 연결하여 생각하곤 해. 하지만 난 콘크리트로만 건축한 것은 아니란다. 생각해 봐, 사람을 위해 건축하려고 고정 관념을 깬 내가, 사람들 머릿속에 틀에 박힌 건축가로 남기를 바라겠니?

내가 뉴욕을 방문했을 때 도시 건축은 나에게 열정적인 재즈를 연주해 주는 것 같았어. 돌과 철의 건축이 들려주는 음악 같았지.

내가 철을 이용한 건축 방법에 이토록 매력을 느낀 이유는 단지 막연한 감상은 아니었어. 철로 건물을 지을 때는 콘크리트로 지을 때보다 큰 장점이 있거든. 콘크리트는 모래, 자갈, 시멘트를 섞고 물로 반죽해야 하는데, 물렁했던 콘크리트가 단단해 지려면 물기가 빠져야 해. 그만큼 시간이 걸리지. 하지만 철로 뼈대를 만들면 콘크리트가 굳는데 걸리는 시간을 절약할 수 있으니 빠르게 지을 수 있는 거야. 콘크리트로 건축하는 것을 물을 사용한다고 해서 습식 공법, 철골로 건축하는 것을 건식 공법이라고 부른단다.

건축가는 행복을 짓는 사람

미국의 건축가 루이스 설리번Louis Sullivan*이 바로 이 방법으로 건축물을 지어서 1871년 대화재로 폐허가 된 시카고를 빠른 시간 안에 재건할 수 있었어. 미국에 갔다가 그 건물들을 본 나도 언젠가는 프랑스 사람들에게 철을 이용해서 나만의 건축 음악을 들려주겠다고 생각했지.

그런데 1928년, 드디어 기회가 찾아왔어.

"르 코르뷔지에 선생 계십니까? 제가 아파트를 지으려고 하는데 선생에게 부탁하고 싶습니다."

"네, 그런데 저를 찾아오신 이유는 아마도 콘크리트로 건축하길 원하시기 때문인가 봅니다."

"그게 일반적이지 않겠습니까?"

"물론 그렇습니다만, 철골조로 건축하는 방법도 있답니다."

"사실 제가 선생을 찾아온 것도 선생이 에스프리누보 전시관에 사용했던 칸막이벽이 매우 흥미로웠기 때문입니다."

나를 찾아온 사람은 에드몬드 워너Edmond Wanner 씨로, 제네바에

---

* **루이스 설리번**(1856~1924) 당시 미국 건축이 유럽 풍의 건축을 그저 모방하는 데에만 머물고 있는 실정에 매우 개탄했습니다. 1871년 화재로 폐허가 된 시카고 재건을 위한 건축가로 임명되면서, 강철로 고층 건축물을 건축했을 뿐 아니라 미국 스타일의 건축 외관을 만들어 냈답니다. 박스 형태의 고층 건물과 수직의 긴 창이 바로 그가 만들어 낸 미국 스타일이지요. 그는 미국 고층 건축물의 아버지, 또는 근대주의의 아버지라고 불립니다. 근대주의(모더니즘)는 기존의 도덕, 권위, 전통 등을 부정하고, 새롭고 혁신적인 문화 창조를 추구하는 예술 경향을 말하는데, 그의 유명한 말, "형태는 기능을 따른다"에서 알 수 있듯이 장식을 배제한, 철처히 기능적인 건축을 하면서 과거의 장식적 전통을 거부하는 건축을 했답니다.

르 코르뷔지에, 건축가의 길을 말해 줘

서 공장을 운영하는 분이었어. 그분은 철골조 건식 공법에 상당한 관심을 보였고, 그를 위해 제네바에 철골조 아파트, 크라르테•를 설계했단다.

그 후로도 철골조 건축을 계속했지. 프랑스 정부로부터 요청을 받아 건축한 르샤르 주택•도 있고, 모스크바의 센트로 소유즈 사무동1933, 파리의 스위스1929~1933, 포르트 몰리토르 아파트 등을 철골로 지었지.

포르트 몰리토르 아파트를 짓고 나서 1년 후인 1934년부터 나는 그 아파트에서 살았단다. 이젠 나를 더 이상 '콘크리트 건축가'로만 알지는 않겠지?

유리로 근대 건축 재료를 완성하다

내가 워너 씨의 아파트 건축을 위해 공법에 대해 연구할 때였어. 파리 시내의 작은 주택 개축 공사가 자주 사람들의 입에 오르

•**르샤르 주택** 프랑스 노동부 장관의 이름을 딴 르샤르 법에 의해 지어진 주택입니다. 르샤르 법은 전쟁 후 집 잃은 사람들에게 싼 집을 공급하겠다는 취지와 전쟁 후에 무기를 생산하던 금속 산업이 쇠퇴하자 이를 소비하기 위한 목적으로 1929년에 반포되었습니다. 르샤르 주택은 마치 건물 전체가 금속으로 만들어진 듯 보이도록 계획되었습니다.

•크라르테

건축가는 행복을 짓는 사람

내렸단다.

"이보게, 소식 들었나? 유리로 건축물을 만드는 공사를 하고 있다는 군."

유리로 집을 짓는다니? 그 소식을 전해들은 나는 궁금해서 바로 성 교옴rue Saint-Guillaume 가 31번지로 달려갔지. 그곳에서는 달자스 박사의 집 리모델링 공사가 한창이었단다. 현장에 가 보니 벽을 부수고 있었어. 며칠 후 다시 들른 현장에서는 벽 대신 유리블록을 벽돌처럼 쌓고 있었단다.

정말 흥미롭고 충격적이었어. 내가 유리블록을 처음 본 것도 아닌데 말이야.

박사의 집 개축은 피에르 샤로우pierre chareau라는 디자이너가 담당했는데, 그가 콘크리 벽대신 유리블록을 쌓아 건축하겠다고 하자 유리 공급자들이 나서서 말렸다는구나.

"우리 회사는 그런 식으로 유리를 사용하는 것에 있어서 안전하지 못하다는 점을 미리 알려 두는 바이오. 만약 집이 무너지면 그것은 우리 책임이 아니라는 말이오."

유리 제조 회사는 나중에라도 자신들에게 해가 올지도 모른다고 생각해서 공식적으로 밝혔어.

하지만 건축주인 달자스 박사는 디자이너의 확고한 신념을 믿고 공사를 진행시켰어.

1928~1931년. 피에르 샤로우가 개축한 달자스 박사의 주택. 유리의 집이라고도 불린다.

“저런, 저런, 집을 유리로 지어? 사상누각이야.”

“우리 저 집이 언제 무너질지 내기할까?”

사람들은 이런 말을 했지만, 나는 당연히 이 집이 끄떡없으리라는 것을 알고 있었단다.

나는 달자스 씨의 집 공사가 진행되는 동안 틈틈이 가서 스케치를 해 두었단다. 그런데, 내 모습을 이상하게 여긴 하녀가 그 댁 부인에게 내 이야기를 전했고, 부인은 스케치를 하는 사람이 누구인지 확인하고는 안심하고 돌아갔단다. 그 부인은 나를 알고 있었거든.

그 즈음 나도 건축물에 적극적으로 유리블록을 사용하기 시작했단다. 물론 크라르테 아파트에도.

이렇게 해서 근대 건축을 이끈 재료인 콘크리트, 철, 유리가 내 건축 속에 비로소 완전히 자리 잡게 되었지.

상상하는 만큼 건축이 되다

의자는 건축이고, 소파는 부르주아다.

르 코르뷔지에

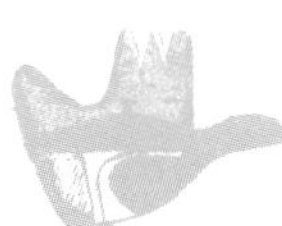

르 코르뷔지에는 건축가로 자신의 진로를 정하면서 처음 생각한 "건축은 삶을 디자인한다"는 신념을 하나씩 실천해 나갔습니다. 근대 건축의 다섯 가지 개념을 정리하고, 자신만의 특징이 있는 건축 재료를 발견한 그는, 주택 설계나 도시 계획뿐 아니라 의자·가구 디자인, 벽 장식 등도 건축의 일부분으로 생각했어요. 르 코르뷔지에가 새로운 시대에 맞춰 한 건축 디자인은 무엇이 있을까요?

건축가는 행복을 짓는 사람

의자도 건축이다

요즘은 건축과 인테리어를 따로 분리해서 생각하는 경향이 있지만, 나는 그렇게 생각하지 않는단다. 창조의 법칙은 어디에나 똑같이 적용된다고 보거든. 단지, 사용되는 재료와 만족시켜야 할 기능이 다를 뿐이지.

주택을 설계하는 것은 도시, 대지, 집의 내부 시설 모두가 검토되고 디자인되어야 하지. 그래서 나는 집의 모든 시설을 디자인했단다. 내가 활동하던 당시의 건축가 대부분이 나와 같은 생각을 했어. 독일 전자 제품 회사인 아에게의 디자인 고문을 맡았던 베렌스 씨가 그랬고, 게리트 리트벨트Gerrit T Rietveld●가 그랬지.

그럼, 왜 건축가가 디자인한 의자가 특별한 거냐고? 아무래도 건축가와 의자에 얽힌 이야기를 좀 들려주어야겠구나.

미국의 건축가 프랭크 로이드 라이트Frank Lloyd Wright는 주택 설계를 의뢰받고 최소한 식사 시간만큼은 가족이 집중해서 이야기해야 한다고 생각했어. 그래서 그는 식사 도중 몸을 돌려 딴청을 피우는 일이 없도록 식탁 의자의 등받이를 높게 세웠단다.

● **게리트 리트벨트**(1888~1964) 네덜란드의 건축가이자 가구 디자이너. 가구점의 아들로 태어나 가업을 이어받았으나, 건축을 배워, '데 스틸'에 들어가 슈뢰더 저택(1924), 유트리히트 단지(1931~1934) 등을 통해 국제적으로 명성을 알렸습니다.

1900~1902년, 프랭크 로이드 라이트, 미국 하일랜드 파크의 워드 윌리츠 주택

프랭크 로이드 라이트가 워드 윌리츠 주택과 함께 설계한 식탁 의자

앞에서 나는 새로운 시대에 걸맞은 새로운 건축을 하고 싶었다고 말했지? 새로운 건축을 안팎으로 완성하려면 집의 시설물 디자인도 함께 해야 한다는 데까지 생각이 미쳤어. 특히 의자에 관해서는 두 가지 이유 때문에 더욱 새롭게 디자인하고 싶었단다.

첫 번째 이유는 사람들의 생활 모습이 바뀌었기 때문에 의자도 바뀌어야 한다고 생각했어. 예전에 농사짓던 사람들은 이제 공장에서 일하고, 풍성한 드레스를 입는 여인도 없어. 그렇다면 집의 시설도 바뀌어야 하는 게 당연하지. 그래서 자전거 프레임에 사용하던 쇠 튜브를 이용해서 프레임을 만들고 가죽을 씌워서 의자를 만들었어. 자전거 프레임 용 쇠 튜브는 공장에서 쉽게 만들 수 있으니까. 비교적 싼 값으로 만들 수 있지.

두 번째는 사람이 꼭 의자에 맞춰 앉아야 하는가?였어. 옛날이나 지금이나 그 의자에 앉는 사람은 체형도 다 다르고, 앉을 때의 모습도 다르잖아. 누구는 걸터앉고, 누구는 의자 등받이에 기대앉지. 그래서 허리를 꼿꼿하게 세우고 앉아야만 하는 옛날식 의자가 아니라 편안하게 앉아서 대화하거나 이야기를 나눌 수 있는 의자,

● 의자

르 코르뷔지에, 건축가의 길을 말해 줘

또는 누워서 쉴 수 있는 의자*를 디자인했어.

처음엔 공장에서 대량으로 만들어서 사람들에게 값싸게 공급할 계획으로 디자인했는데, 지금은 이 의자 가격이 엄청 비싸졌다고 하더구나. 결국 내 의지와 상관없이 사치품 목록에 하나를 추가한 셈이 되어 마음이 씁쓸하단다.

벽걸이가 아니라 이동식 벽이야

이번엔 이동식 벽에 대해 이야기해 볼까? 인도의 찬디가르에 있는 법원 건물에는 거대한 태피스트리tapestry*가 걸려 있단다. 하지만 나는 그걸 '이동식 벽'이라고 생각해.

근대 건축의 개념에서 집 안의 벽면을 사는 사람의 삶에 맞게 세울 수 있도록 자유롭게 만들어야 한다고 주장한 것처럼 벽도 이사 갈 때 언제든 떼어 갈 수 있게 만들자는 거지.

벽이 무조건 딱딱해야 할 필요는 없잖니? 옛날에야 건축물의 벽이 건물을 지탱해야 한다는 전통적인 생각 때문에 벽을 딱딱하게 만들었지만, 이제는 필로티가 그 역할을 대신 해 주니까 벽을 항

* **태피스트리** 여러 가지 색실로 그림을 짜 넣은 직물을 말합니다. 벽걸이나 가리개 등의 실내 장식품으로 쓰지요.

상 딱딱한 것으로 만들 필요도 없어진 거지.

게다가 태피스트리는 소리를 먹는단다. 내가 설계한 찬디가르의 대법원 건물은 콘크리트로 지어졌어. 사람들이 '노출 콘크리트'라고 부르는, 페인트 등으로 마감하지 않은 방식이지. 그런데 콘크리트처럼 딱딱한 재료로 지어진 공간에서는 소리가 튕겨져 나가서 공간을 헤집고 다니거든. 산에서 '야호!' 하면 잠시 뒤에 메아리가 치는 것처럼 말이야.

대법원처럼 사람이 많이 이용하는 공간에서는 사람들의 한마디 한마디가 시간을 두고 돌아다니다가 사라져. 그럼 그 공간은 사람들의 웅웅거리는 소리와 발걸음 소리가 섞여서 정신이 없겠지?

그런데, 천처럼 부드럽고 폭신한 재료는 소리가 튕겨져 나오지 않게 잡아 둔단다. 그래서 대법원의 태피스트리에 막중한 역할을 준 거야. 이제 왜 내가 이동식 벽이라고 표현했는지 이해가 되지?

태양은 브리즈 솔레이유로 피해

여러분은 내가 태양 빛을 매우 좋아한다는 걸 알고 있을 거야. 롱샹 순례자 성당을 설계할 때 '빛의 대포'를 만들 정도였으니까. 그런데 그 좋던 태양 빛도 때때로 피해야 할 때가 있더라고.

카르타고에 주택 건축을 의뢰받고 현장 답사하러 갔었어. 그동

르 코르뷔지에, 건축가의 길을 말해 줘

1980. 장 누벨. 파리의 아랍세계연구소. 빛의 양이 자동 조절되는 브리즈 솔레이유

안은 태양 빛은 축복이라고 생각했는데, 이곳에서만은 고통이 될 수도 있다는 것을 느꼈단다.

카르타고의 주택은 지나치게 강렬한 태양 빛으로부터 사람들을 보호하는 은신처가 되도록 설계해야겠다고 생각했지. 그래서 천정이나 바닥 판을 빼내고, 방은 그 안쪽으로 밀어 넣어 태양을 피해 그늘 막을 만들 수 있도록 집을 설계했어.

이제, 태양을 피하는 방법을 해결했다고 생각했지만, 브라질에서 더 큰 난관이 나를 기다리고 있었단다.

1936년 브라질 문교부 건축물을 건축하게 되었을 때야. 많은 고민 끝에 고층 건물을 북향으로 설계했지. 브라질은 남반구라서 북향으로 지으면 태양을 정면으로 바라보는 구조가 되지.

사람들은 그렇게 건축하면 건물 안이 더워서 못 견딜 거라고 했단다. 난 그들의 염려를 물리칠만큼 철저하게 태양의 궤도를 계산해서 건축물에 콘크리트 '브리즈 솔레이유'를 디자인해 주었단다.

이것이 현대 건축 최초의 브리즈 솔레이유야. 하지만 아쉽게도 제2차 세계 대전으로 파괴되어 지금은 실물을 볼 수 없어. 내가 브리즈 솔레이유를 만들기 위해 태양 궤도를 계산하느라 얼마나 힘들었는데, 이렇게 파괴돼 버리고 말다니……. 지금은 좋은 기술을 이용해서 다양한 브리즈 솔레이유를 만드는 방법을 시도하고 있다니 그것으로 위안을 삼아야지 뭐.

알맞은 집의 크기는?

규칙적인 선들은 도약대이지, 구속복이 아니다.
그것은 예술가의 감각을 만족시키고 작품에 리듬을 부여한다.

르 코르뷔지에

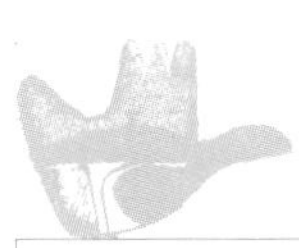

근대 건축의 개념이 널리 퍼지려면, 다른 건축가도 쉽게 따라할 수 있도록 르 코르뷔지에가 자신의 방법을 공유해야 합니다. 그는 건축 설계에 필요한 각종 수치를 표준화해야 한다고 생각하고는 세계가 공통으로 삼을 수 있는 수치를 정하는 데 골몰했어요. 그리고 몇 번의 시행착오를 거쳐서 '모듈러'를 만들어 냈지요. 그가 찾아낸 알맞은 집의 크기는 과연 어느 정도일까요?

건축가는 행복을 짓는 사람

기준이 필요해

건축가로 한창 명성을 쌓으면서 문득, 사람이 살기에 적당한 집의 크기는 어느 정도일까 하는 생각이 들었어. 레플라트니에 선생님으로부터 처음 건축가가 되라는 권유를 받았을 때, 건축이 사람 사는 건물을 짓지 않고 신전을 건축한다고 말하면서 든 생각이었지.

그 고민을 항상 머릿속에 담고 있었기 때문에 도미노 주택 개념도 발명한 것이고. 하지만 도미노 주택만으로는 뭔가 부족했어. 좀 더 구체적인 것이 있어야 하는데…… 그게 뭘까? 오랜 세월 동안 고민했지.

생각해 보니 길이의 표준이 문제였어. 건축에서 길이는 곧 언어나 마찬가지야. 당시 길이를 재는 기준은 두 가지 방법이 쓰였단다. 하나는 1824년 영국이 제정한 일명 '야드파운드법', 무게는 파운드, 길이는 야드를 기준으로 치수를 삼는 방법이야. 다른 하나는 '미터법'이란다. 유럽 안에서도 사용하는 기준이 다른데 전 세계로 건축 설계하러 돌아다닌 내 눈에는 큰 문제가 아닐 수 없었지.

내가 이렇게 치수에 관해서 관심을 갖기 시작한 것은 오래됐지만, 그 필요성을 인식하게 된 것은 1911년 아시아 여행을 할 때였어. 거대한 신전의 규모는 멋있다기보다는 나를 당황하게 만들었어. 대체 신전의 높이는 얼마나 될까 궁금해졌지. 그러나 당시에는 높이가 20미터 이상인 건축물은 정확한 크기를 기록해 두지 않았단다.

그때 나는 생각했어.

'주택은 신전이 아니다. 그러니 사람을 위압하거나 당황시키지 않는 크기로 지어야 해.'

그러고 나니, 그럼 적당한 크기는 무엇으로 정하지? 하는 생각이 꼬리를 물더라고. 사람이 사니까 사람의 몸이 기준이 되는 게 당연하겠지? 이때부터 '사람이 팔을 들어 올린 높이'가 내 건축의 핵심이 되었단다.

오랜 옛날부터 인체는 길이를 측정하는 기준이었어. 친구들이 잘 아는 피라미드는 손끝에서 팔꿈치까지의 길이인 '큐빗'을 기준으로 건축됐고, 한국 전통 건축에서도 한 뼘의 치수인 '자'나 '척'이라는 단위로 건축했단다.

고대 건축가인 마르쿠스 비트루비우스_{Marcus Vitruvius polio}●는 레오나르도 다 빈치의 그림에서 영감을 얻어 인체의 황금비례를 건축에 응용했지. 황금비례는 인체의 중심부인 배꼽을 중심으로 분할

되는 1:1.618의 수학적 비례인데, 이 비례를 가장 아름답다고 생각했어.

또한 15세기 이탈리아의 건축가 레오네 바티스타 알베르티 Leone Battista Alberti●나, 16세기 이탈리아의 건축가 안드레아 팔라디오 Andrea Palladio●도 조화로운 비례를 건축에 이용했지. 나는 그러한 선례를 좀 더 발전시키고 싶었을 뿐이야.

사람이 팔을 들어 올린 높이

사람이 팔을 들어 올린 높이에 대한 생각은 늘 내 머릿속을 떠나지 않았어. 하고자 하는 일은 끝까지 해내는 성격인지라 뭔가 풀리지 않을 때는 여간 골치 아픈 게 아니란다.

그러던 중 1943년 건축물표준화국가위원회AFNOR에서 연구를 시작한다는 소문을 들었어. 나와 같은 고민을 하는 사람이 있다는 기쁨에 사람들과 함께 의논할 날만을 손꼽아 기다렸지. 하지만 아무리 기다려도 내게 연락하지 않더군.

● **레오네 바티스타 알베르티**(1404~1472) 르네상스 초기 이탈리아의 건축가입니다. 시인이자 철학자이며, 성직자이기도 했습니다. 1423년 로마의 문서관을 지냈고, 10권짜리 저서 《건축론》을 썼습니다.
● **안드레아 팔라디오**(1508~1580) 이탈리아의 건축가입니다. 비첸차에서 출생하여, 로마에서 유학한 후 고향에 돌아와 많은 궁전과 저택을 설계했지요. 1546년 이후 베네치아에서 활약하며 산 지오르지오 마조레, 비첸차의 테아트로 올림피코 등을 설계했습니다.

르 코르뷔지에, 건축가의 길을 말해 줘

마음이 급했던 나는 건축 쇄신을 위한 건설자회인 아스코랄 ASCORAL의 동료들과 숱한 밤을 새우며 사람이 손을 들어 올린 높이 초안을 '2.2미터'로 만들었단다. 정리가 덜 됐지만, 뭔가 표준을 정했다는 점이 뿌듯했지.

1945년에 소르본느 과학 대학의 학장을 만나 황금비례의 표현 방식에 관한 조언을 듣고 좀 더 세련되게 정리했지. 그러나 '사람이 팔을 들어 올린 높이'의 핵심은 어떤 사람의 키를 표준으로 삼느냐인데, 초안에서는 근거가 부족했어. 그래서 내가 프랑스 사람이니 프랑스 남자의 보통 키 1.75미터를 기준으로 사용했단다.

그러던 어느 날, 책방을 둘러보다가 눈길을 끄는 영국 탐정 소설을 발견했어. 제목이 "경찰관처럼 당당해 보이는 남자는 6피트의 장신이다"더라고. 1피트는 약 30.48센티미터이니, 이 경찰관 키는 1.83미터 정도는 되겠네. 영국 남자의 키가 이렇다면 당연히 '손을 들어 올린 높이'를 조절해야겠지?

그래서 사람의 키를 1.83미터로 조정하고 그 사람이 팔을 들어 올린 높이인 2.26미터를 기준으로 삼았단다. 그 후 2.26미터는 방 하나의 기본 높이가 되었지.

건축가는 행복을 짓는 사람

모듈러로 태어나다

내가 이렇게 '사람이 팔을 들어 올린 높이'를 정리하는 동안 건축물 표준화 국가위원회는 '미터나 센티미터를 사용해서 건축하자'고 결론을 냈더라고. 하지만 뭔가 쉽게 수긍이 되지 않았어. 게다가 미터법은 세계 일부 나라에서만 사용을 하니 진정한 표준이 될 수 없지 않겠어?

영국에서는 피트를 길이의 단위로 사용하잖아? 그나마 피트는 사람의 발 길이를, 인치는 사람의 손가락 폭을, 야드는 심장에서 손끝까지의 길이를 기본으로 한 것이니 친근하기는 해. 하지만 십진법에 익숙한 우리에게 피트는 복잡한 단위란 말이야…….

이번에도 내가 정리를 해야 할 거 같은데, 사실은 좀 자신이 없었어. 사람들이 또 무슨 비난을 할까? 두렵기도 하고, 그럴 땐 어떻게 응수해야 하는지도 답이 안 나오더라고. 이럴 때 우주의 질서를 수학적 아름다움으로 이해하는 사람에게 조언을 들으면 참 좋겠는데…….

한창 고민하던 1946년, 때마침 나는 유엔 본부 건물의 건축 문제로 뉴욕에 갈일이 생겼어. 그 참에 프린스턴 대학에 계신 아인슈타인 박사를 찾아갔지.

"저는 프랑스 건축가 르 코르뷔지에라고 합니다."

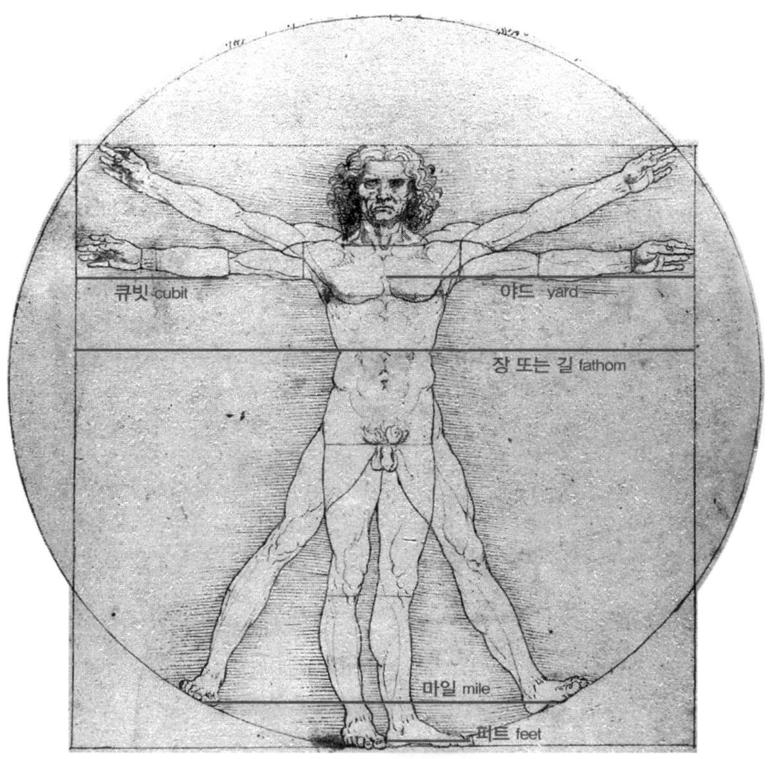

1487년 경. 레오나르도 다빈치가 그린 인체와 치수의 관계.
고대 건축가 비트루비우스가 사용하여 비트루비안 맨으로 알려져 있다.

"반갑습니다. 건축가가 제게 무슨 볼일이 있으신지요?"

"저는 여러 사람을 행복하게 하는 건축을 하고 싶습니다. 그러기 위해서는……."

난 아인슈타인 박사에게 나의 생각을 두서없이 들려주었단다. 한참을 나 혼자 독백하듯이 이야기했어. 갑자기 방문한데다가 내가 횡설수설하며 질문했기 때문에 속 시원한 답을 들을 수 있으리라는 기대는 일찌감치 접었단다.

박사는 내 이야기를 듣고 무심히 연필을 꺼내 계산하기 시작하더구나. '아차! 내가 괜히 박사의 연구를 방해한 셈이 되어 버렸네.' 너무 죄송스러웠지. 그렇게 풀죽어 있던 그날 저녁, 박사는 나에게 친절한 편지 한통을 보냈단다.

그러니까 당신이 나에게 설명하려던 것은 '비례를 이용한 자'에 관한 것이군요? 그런 자를 만드는 것은 어려운 일이겠지만 매우 이용하기 쉽고 유용한 것이 될 겁니다.
어떤 사람은 그 자를 비과학적이라고 비난할지도 모르겠습니다. 그러나 저는 엄청난 아이디어라고 생각합니다. 당신의 성과는 위대한 과학자에 버금간다고 하겠습니다.

편지를 읽고, 난 천군만마를 얻은 듯 자신이 생겼어.

르 코르뷔지에, 건축가의 길을 말해 줘

나는 미국에서 돌아온 후인 1947년에 '사람이 팔을 들어 올린 높이'에 관한 생각에 '모듈러●'라는 이름을 붙였단다.

모듈러는 인체를 비례로 분할하여 조화를 이루는 치수의 일람표로, 모듈module이라는 말과 황금분할section d'or의 개념을 결합해 만든 단어야. '황금 수'에 의해 서로 연결되는 일련의 치수를 정립했지.

수학의 피보나치수열과 비슷한데, 모듈러는 인체를 피보나치수열로 황금분할하고, 거기에서 나온 수치의 2배를 하나의 모듈 치수로 삼았단다. 인체를 황금분할로 분석하는 방식은 1931년에 마틸라 지카가 작업했던 방식을 좀 빌어 왔지.

결국 기존의 '야드파운드법'의 치수와 '미터법' 치수 사이에 잘 맞지 않는 부분에 다리를 놓아 표준화된 치수를 만들고야 말았어.

드디어 고전 건축과 산업 사회 사이에서 길을 잃고 헤매던 건축에 새로운 길을 터 주게 된 거란다. 청년 시절 처음 건축가가 되기로 결정하면서 결심한 것을 45년 만에 이뤘지.

● 모듈러

건축가는 행복을 짓는 사람

행복한 건축을 위한 두 번째 도전

건축가는 여러 가지 학문과 교양에 대한 지식을 구비하고 있어야 하는데,

그 이유는 지식의 판단에 따라 다른 분야의 기술로서 이루어진

작품을 음미해 볼 수 있기 때문이다.

비트루비우스, 《건축10서》 중

학교 선생님의 권유로 건축가의 길을 걷기 시작한 청년은 자신 만의 건축 언어를 찾기 위해 여행을 다녔고, 그 언어를 제대로 구현해 내기 위해 화가와 저술가로 10년 가까운 세월을 공부하면서 보냈습니다. 그리고 수많은 실패와 성공을 거듭한 끝에 마침내 '근대 건축 개념'이라는 건축 역사에 남을 공로를 세웠지요. 하지만 르 코르뷔지에는 여기에서 멈추지 않고, 좀 더 행복한 건축물을 만들기 위해 새로운 도전을 시작했어요. 그가 도전한 건축의 새로운 부분은 무엇이었을까요?

중산층을 위한 공동 주택, 유니테 다비타시옹

제2차 세계대전이 끝나자 폐허가 된 도시 속에서 사람들은 살 집을 구하는 것이 큰 문제였단다. 그래서 프랑스 정부는 나에게 일을 의뢰했지. 정부는 개별적인 장식을 하지 않은 아파트를 마르세이유에 설계해 달라고 요구했어. 그것도 400가구가 함께 살 수 있는 곳으로.

아! 이 얼마나 내가 바라고 꿈꿔왔던 일인지 몰라. 그동안 새로운 건축을 하려고 부단히 도전하여 생각한 것을 실현시킬 수 있는 기회가 온 거야.

사실 이번일은 언론사와 다른 건축가들이 본의 아니게 도와준 셈이야. 이전에 내가 도시 계획안을 수차례 발표한 후 언론사와 건축가들은 앞 다투어 나를 맹비난하는 글을 쏟아 냈거든.

그러자 내가 누군지, 무엇을 주장하는 사람인지 전혀 관심없던 사람들이 오히려 내게 관심을 가지기 시작했어. '도대체 르 코르뷔지에란 건축가가 무엇을 잘못해서 사람들이 이렇게 공격을 하는 거야?' 하고 말이지.

이렇게 세상으로부터 호되게 공격당한 후 난 유명 건축가가 되어 버렸고, 덕분에 마르세이유 공동 주거 단지 설계 의뢰가 들어온 거야. 참 세상 일은 알다가도 모를 일이지?

건축가는 행복을 짓는 사람

다행히 나에게 설계를 의뢰한 관료는 현대 건축에 관해 열린 생각을 가진 사람이었단다. 그래서 나는 25년 동안 주거 공간에 대해 꿈꾸고 구상하던 바를 실행에 옮겼지.

부유층이 도시 근교에 전원도시를 짓는다면, 중산층을 위해 도시 속에 전원도시를 지어 주는 거야! 바로 '수직의 전원도시'지. 그리고 사람들이 함께 살면서도 개인적인 생활의 만족감을 얻을 수 있는 그런 집?

언제나 그렇듯 생각을 표현하는 설계 과정은 매우 고통스러워. 우선 방의 배치나 시설은 인체 치수를 고려해서 설계유니테 다비타시옹, 표준 크기의 주거 단위해야 하고, 운동 시설, 상점, 놀이터 등 주민들이 함께 즐길 수 있는 모든 시설을 갖추어야 해.

그럼 이러한 주거 시설과 사람들이 즐길 수 있는 여가 시설을 어떻게 조화시킨담? …… 그렇지! 언제나 답은 내 가까이 있어. 내가 즐기던 와인, 바로 그거야!

나는 와인을 보관하는 격자형 틀을 보고, 주거 시설을 배치하는 아이디어를 얻었단다. 그래서 나는 이 집을 우스갯소리로 '와인 보관 상자'라고 부르기도 하지. 하지만 단지 와인 보관 상자의 모양만을 본뜬 것은 아니야. 철근 콘크리트 골조에 산업 사회에 걸맞은 주택으로 처음 생각한 시트로앙 주택 단위를 하나하나 끼워 넣는 방식으로 계획했지.

르 코르뷔지에, 건축가의 길을 말해 줘

유니테 다비타시옹 건축 개념

유니테 다비타시옹 공동 주택, 베를린

하지만 이번에도 실현되는 과정엔 많은 시련이 있었어. 시공자는 갖가지 부품을 조립식으로 제작하는 기술이 부족했고, 기술이 부족하다 보니 현장에서는 크고 작은 사고가 잇따랐거든. 게다가 나와 견해를 달리하는 사람들이 이 계획이 실현되지 못하도록 방해도 했단다.

당시 프랑스의 정치 상황도 한 몫 했지. 건설부 장관이 여섯 번이나 바뀌어서 공사가 5년이나 걸렸고, 공사 기간이 길어지면서 처음 생각했던 비용보다 훨씬 돈이 많이 들었지. 그러니 처음 의도와는 다르게 고가의 주택이 되어 버렸어.

1947년 시작한 공사는 1952년에 마무리되었지만, 그동안 이런저런 안 좋은 소문이 퍼져, 마르세이유 사람들은 '머리가 돈 자의 아파트'라고 비아냥거리기도 했단다. 게다가 당시로서는 파격적인 부엌의 환기 시설, 쓰레기 분쇄기, 냉장고, 전기 레인지 등 최신 설비를 갖춘 집이었지만, 오랜 기간이 걸리다 보니 그저 그런 평범한 공동 주택이 되는 불운을 겪었어.

마지막 건축

이제 슬슬 내 얘기를 마쳐야 할 때가 온 것 같구나. 오랜 세월 건축가로 살면서 항상 새로운 것에 도전하는 즐거움도 맛보았지

르 코르뷔지에, 건축가의 길을 말해 줘

만, 나의 건축을 이해해 주지 못하는 사람들이 쏟아 내는 비판과 조롱은 정말 견디기 힘들었어. 그래도 난 내가 건축가로 살아온 생애가 즐거웠단다. 새로운 것에 도전하는 것은 결과가 어찌 될지 몰라 불안하기도 하지만, 사람들이 행복하게 사는 모습을 생각하며 건축한다는 것은 어쨌든 내가 그들과 함께 산다는 것을 즐기고 행복해한다는 뜻이기도 하잖니?

하지만 나이를 먹으니 그런 즐거움을 누리는 것도 체력이 받쳐 주지 않더라고. 혹시나 친구들 중에 오랫동안 자신이 하고 싶은 일이 있다면, 건강관리는 잘 하려무나. 그게 너희를 오랫동안 행복하게 만들어 줄 테니까.

사람들은 나의 마지막 건축물을 1965년 내가 죽은 직후에 완성된 취리히 전시관ᄅ 코르뷔지에 센터●이라고 하는데, 내가 살아 있을 때 완성한 마지막 작품은 캡 마르틴 별장●이란다.

친구들 중에는 그동안 내가 설계한 도시나 주택, 교회 건물을 떠올리며 크고 뭔가 재미있는 장치를 만들지 않았을까 생각하는

● 취리히 전시관

● 캡 마르틴의 별장

건축가는 행복을 짓는 사람

사람도 있을 거야.

미리 말하는데 캡 마르틴의 별장은 그냥 소박한 곳이야. 그리고 그 옆에 사랑하는 내 아내와 함께 누울 묘지를 신경 써서 설계했지. 지중해가 바라보이는 경치 좋은 곳으로 말이야.

살아 있을 때 어려움도 많았지만, 사람들의 행복을 위해 건축에 정열을 쏟았고, 예술 작품도 남기고, 죽은 후에는 후대의 건축가들이 나의 이름을 자주 불러 주고 좋아하는 사람도 있다는 건 정말 행복한 일이야.

르 코르뷔지에, 건축가의 길을 말해 줘

전문가에게 듣는 건축 이야기

크고 작은 상상을 통해 건축가의 길을 틈틈이 고민해요

_ 윤철재 경북대 건축과 교수

자연과 사람이 잘 어우러지는 건축이 가장 좋은 건축이에요

_ 홍성천 (주)엑토종합건축사무소 대표, K12 건축학교 교장

르 코르뷔지에를 꿈꾼다면

건축가는 어떤 공부를 하나요?

건축가는 모두 같은 일을 하나요?

건축 분야 진로에는 어떤 것이 있나요?

자격증이 있어야만 건축가로 활동할 수 있나요?

건축의 거장 나의 롤모델을 찾아요

크고 작은 상상을 통해
건축가의 길을 틈틈이 고민해요

— 윤철재 경북대 건축과 교수

1. 선생님은 어렸을 적부터 장래희망 분야가 건축이셨나요?

아주 어렸을 때부터 건축 분야에서 일하겠다고 꿈꾼 건 아니었어요. 저는 사실 의과대학을 가고 싶었답니다. 의과대학 진학에 실패하고 난 다음 선택으로 건축을 공부하게 된 거죠. 이과 계열 학생인데도 수학이나 과학 과목을 잘 못했고, 문학이나 예술 쪽에 관심이 있었던 저한테는 건축이 맞으리라 생각했어요.

2. 선생님을 건축의 길로 인도한 사람이나 건물이 있다면 그 이유와 함께 소개해 주세요.

건축의 첫걸음은 역시 대학교에서의 전공 선택이었습니다. 하지만 의과대학을 희망했던 저는 건축이라는 분야에 대해 처음에

안도 다다오, 빛의 교회 내부

는 잘 몰랐고, 학교 성적도 좋지만은 않았어요. 그러다 대학교 2학년 때 종교 시설 과제를 하다 접하게 된 일본 건축가 안도 다다오의 '빛의 교회'를 보고 건축 공부에 빠져들기 시작했답니다. 저는 그때까지만 해도 일반적인 건축물만 머릿속에 그리고 있었어요. 그런데 어두운 예배당 공간 깊숙이 십자가 형태의 태양 빛이 들어오는 모습을 보고는 감동받았지요.

전문가에게 듣는 건축 이야기

3. 건축가는 그림을 잘 그려야 한다는데, 어느 정도의 실력을 갖추어야 하나요? 선생님도 그림을 잘 그리시나요?

건축가는 자신이 상상하는 공간을 눈으로 볼 수 있는 형태로 나타낼 수 있어야 해요. 최근에는 컴퓨터를 많이 사용하기도 합니다만, 그때그때 생각나는 것들을 바로 옮기려면 스케치 실력은 어느 정도 갖추는 것이 좋지요. 그런데 저는 잘 그리지 못하는 것 같아요.(웃음)

4. 건축가가 되려면 그림은 물론, 과학과 인문학적 교양 수준도 높아야 한다고 들었어요. 하지만 당장 학교 공부하는 것도 버겁습니다. 어떻게 하면 전혀 다른 방면의 공부를 두루 잘할 수 있을까요? 비법이 있으면 가르쳐 주세요.

다른 방면의 공부를 일부러 할 필요는 없을 것 같아요. 공부든 일이든 즐거워야 능률도 오를 테니까요. 대신 평소에 다양하게 상상하고, 생각하는 습관을 기르면 좋답니다. 건축이라는 분야에 대해 얘기하자면 창문은 왜 이 위치에 있는 것인지, 방은 꼭 네모반듯해야 쓸 수 있는 것인지, 집의 거실 천장이 지금보다 높으면 어떤 느낌일지, 보이는 모든 공간에 대해 생각해 보고 무언가 하나가 달라졌을 때를 상상해 보는 것, 재미있지 않을까요? 다른 분야의 공부는 그 이후에 해도 전혀 문제없을 거라 생각합니다.

5. 텔레비전 여행 프로그램을 보면, 고층 빌딩이 멋있어 보일 때가 있고, 숲속의 작은 오두막집이 운치 있어 보일 때도 있고, 작은 집들이 옹기종기 모여 마을 전체가 예술작품처럼 보이는 곳이 있습니다. 건축 형태가 이렇게 다른데, 건축할 때 어떤 점을 가장 먼저 생각해야 하나요?

가장 먼저 생각할 점은 건물이 들어설 곳의 모습을 자세히 보는 것입니다. 건물이 들어설 땅에서 보여줄 수 있는 것과 볼 수 있는 것들을 고려해 보는 거죠. 질문 내용을 예로 들자면, 숲속에 고층 빌딩 하나가 서 있거나 고층 빌딩사이에 작은 집 한 채가 들어서 있는 모습은 아마 상상하기가 어려울 거예요. 건축은 그 장소에 가장 어울리는 건축이어야 한다고 생각합니다.

6. 선생님께서 설계하신 작품 중에 가장 맘에 드시는 건축물은 무엇인가요? 왜 그런지도 알려 주세요.

저는 지금 대학교에서 학생을 가르치고 있어요. 그 전에는 설계 사무실에서 근무했는데, 그때 참여했던 프로젝트들이 주로 큰 규모의 건축물이 많았어요. 개인적으로는 서울 외국인학교의 아트센터 건물이 기억에 남습니다. 당시에는 신입사원이었던지라 참여도가 높지는 않았지만, 실제 건축물 설계에 처음으로 참여했고, 내가 설계에 참여했던 건물이 실제로 지어졌을 때의 느낌이 대단

전문가에게 듣는 건축 이야기

(주)정일엔지니어링 종합건축사무소, 서울 외국인 학교 아트센터

히 새로웠던 경험이었습니다.

7. 건축가는 일 년 내내 바쁜가요? 아니면 건축을 하나 하면 몇 달간 쉬고 다시 건축하는 건가요?

글쎄요. 건축을 직장인으로서 하느냐, 작더라도 나의 사무실을 운영하느냐에 따라 다를 것 같긴 합니다. 다만 언제나 변함없는 것은, 모든 사람이 어떠한 모습으로든 일상을 보내는 건축을 만든다는 것은 중요한 일이고, 건축가는 어떤 상황에서든 모든 사람이 편안하게 지낼 수 있는 공간을 만들어야 한다는 사실입니다. 건축가가 소홀함으로써 건물이 안 좋아지게 되고 사용하는 모두가 불편해지기도 하지요. 따라서 생각할수록 더 보완하고 보충할 것들

르 꼬르뷔지에, 건축가의 길을 말해 줘

이 생겨 바쁜 일이 더 많아지지요.

8. 건축가를 꿈꾸는 청소년에게 해 주고 싶은 말씀이 있으시다면…….

앞에서도 말했지만 생각과 상상을 많이 해 보시라 말씀드리고 싶습니다. 엉뚱한 상상도 상관없습니다. 우리 집 방이 동그란 모양이면 사람이 살 수 없을까? 역으로 동그란 건물과 마름모의 건물, 세모의 건물이 나란히 서 있으면 그 모습은 잘 어울릴까? 등등 크고 작은 상상을 먼저 해 보고 내가 그런 공간 환경을 만드는 일을 한다면 나한테 즐거운 일일까를 생각해 보세요. 건축가의 길을 선택할 것이냐 말 것이냐를 포함해서 건축가의 길을 선택한 후에도 좋은 습관이 될 거라 생각합니다.

●윤철재 교수님은…

의과대학 진학에 실패하고 건축학과에 진학해서 적응을 잘 못하던 대학생이었지만, 뒤늦게 공부에 흥미를 가지고 대학원에 진학한 후, 다시 일본으로 유학하여 진지하게 건축을 공부했던 대학원생이었습니다. 건축과 건축이 모여 만들어지는 우리 도시를 생각하며 큰 규모 설계 작업을 수행하던 설계 사무소 직원으로 있다가, 미래의 건축가를 꿈꾸는 학생들과 좋은 건축을 이야기하고 올바른 건축과 도시를 만들어 나갈 수 있도록 돕고 있는 대학교 선생님입니다.

전문가에게 듣는 건축 이야기

자연과 사람이 잘 어우러지는 건축이 가장 좋은 건축이에요

_ 홍성천 (주)엑토종합건축사무소 대표, K12 건축학교 교장

1. 선생님은 어렸을 적부터 장래희망이 건축가이셨나요?

어렸을 적에는 컴퓨터 관련 분야에 관심이 많았고, 모형 키트를 만드는 것을 좋아했습니다. 장래에 나는 무엇을 해야 할지에 대한 진지한 고민을 하면서 컴퓨터 관련 기술 분야가 나의 갈 길이 아니라는 사실을 깨달았지요. 그때 부모님께서 내가 만드는 것을 좋아하니 건축가가 되어 보는 것이 어떻겠느냐고 추천해 주셨답니다.

나는 건축에 대한 인식은 부족했지만, 막연하게 멋진 건물을 설계할 수 있다는 낭만적인 기대 속에 건축가로서의 꿈을 선택했습니다.

건축을 처음 접하면서 프랑스 건축가인 르 코르뷔지에의 영향
을 많이 받았습니다. 건축에 대한 인식이 부족할 때, 기존의 건축
관념을 깨고, 많은 건축 이론을 만들어낸 르 코르뷔지에의 선구적
인 작품들은 나에게 건축에 대한 열망을 심어 주었지요.

르 코르뷔지에는 건축뿐 아니라, 건축에 대한 책을 통해서도 나
에게 영향을 주었답니다. 그는 '인간을 위한' 건축을 했으며, 건축
과 도시에 대한 이론을 열 권 넘게 쓴 저술가이기도 합니다. 건축
가가 단순히 건물을 짓는 것 뿐만 아니라 사회를 변화시킬 수 있
다는 신념은 나에게 좀 더 큰 세상을 열어 주었어요. 그에 대한 책
을 모두 사서 밤을 꼬박 새우면서 읽고, 그랬던 열정이 지금도 생
생해요.

작가가 자신의 생각을 단어나 글로 전달하듯이, 건축가들은 도
면이나 모형 작업을 통하여 자신의 아이디어를 정리하고 전달합
니다. 건축가에게 그림은 사물을 보고 표현하는 기본적인 언어입
니다. 건축가는 화가처럼 그림을 그리기도 하지만, 목적에 따라

선을 그리기 때문에, 그림 자체의 완성도보다는 사고의 전달 여부
에 정성을 기울입니다.

건축가에게 그림을 그릴 수 있는 능력은 필요해요. 자신이 생각
한 아이디어를 표현하고 타인에게 설명할 수 있는 정도면 충분하
답니다. 저도 스케치와 다이어그램을 그리면서 아이디어를 구체
화합니다.

4. 건축가가 되려면 그림은 물론, 과학과 인문학적 교양 수준
도 높아야 한다고 들었어요. 하지만 당장 학교 공부하는 것
도 버겁습니다. 어떻게 하면 전혀 다른 방면의 공부를 두루
잘할 수 있을까요? 비법이 있으면 가르쳐 주세요.

건축은 인간의 삶과 행위를 담는 물리적인 체계를 제공할 뿐만
아니라 구체적인 형태로서 그 시대나 사회의 가치를 나타내기도
합니다.

건축을 뜻하는 'Architecture'는 라틴어에 어원을 둔 것으로 '큰
기술' 또는 '세상에서 가장 위대한 학문'이라는 뜻이에요. 건축이
라는 분야 자체가 예술과 공학, 사회학과 경제학의 가장 이상적인
만남을 추구하기도 하고요. 즉, 건축가는 역사, 사회학, 심리학,
과학, 수학, 기술, 문학, 회화, 조각, 음악 등의 다양한 지식들을 통
합하여 명확하고 구체적으로 표현합니다.

　그러나 건축가에게 이러한 것들은 지식적인 것으로 필요한 것이 아니라 사물을 보고 분석하는 태도로서 필요하답니다. 이런 태도는 책을 통해서만 얻을 수 있는 것은 아니지요. 건축을 가리켜 "돌로 만들어진 가장 오래된 책"이라고 부르기도 합니다. 다양한 사람들을 만나고, 주변의 건물이나 외국의 건물들에 대한 연구나 여행을 한다면 건축 문화에 대해서 즐겁게 배울 수 있을 것입니다.

5. 다양한 사람들이 다양한 요구를 할 텐데, 집을 설계하실 때 가장 중점을 두는 점은 무엇인가요?

　건축은 인간의 삶과 현실을 관찰하여 다양하게 고민한 끝에 실제 사람이 사는 환경까지 만드는 창의적 과정의 산물입니다. 특히, 집은 인간이 살아가는 가장 기본적인 공간으로서 다양한 삶과 요구가 있습니다. 많은 사람이 건물을 이용할 때 편리해야기능 하고, 비바람이나 지진에도 잘 견뎌야 할 정도로 튼튼해야구조 합니다. 또한 집 안에서 사는 사람이 보기에도, 집 밖에서 보는 사람에게도 아름다워야미 하지요.

　여기에 절대 잊어선 안 되는 한 가지 요소가 더 있습니다. 건축가는 사람들의 삶의 기준과 행태, 행복에 대한 태도를 고려하여, 사람들의 삶에 방식에 영향을 주는 건축을 하는 사람이거든요. 이를 테면, 집을 단지 비바람을 피하는 물리적인 시설로서가 아니

전문가에게 듣는 건축 이야기

라, 그 안에 사는 사람들의 관계에 대해서도 고민하여 건축을 한다는 뜻입니다.

건축은 인간의 생활을 담기 위해서 '땅' 위에 만들어 집니다. 땅은 건축에 대지로 다가옵니다. 땅은 자연에서 주어지는 것으로서 인간이나 장소에 생명을 주는 잠재력Genius Loci을 갖고 있습니다. 그렇기 때문에 대지의 요구에 어떻게 호응할 것인가가 건축이라는 활동일 것입니다.

건축가는 집이 지어질 대지를 살피고, 그곳의 기후와 지형적 특성을 파악하여 살기 적합한 건물을 완성하는 일을 맡습니다. 건축가는 이렇게 대지에 세워지는 건물에 필요한 기능적 문제들을 해결할 뿐만 아니라, 대지와 건물의 의미까지 고려해야 하지요. 즉, 좋은 건물은 보는 거리에 따라 드러내는 모습이 다양하며, 그 주변의 환경과 조화를 이룰 때 만들어지는 것입니다.

르 꼬르뷔지에, 건축가의 길을 말해 줘

7. 선생님께서 설계하신 작품 중에 가장 맘에 드시는 건축물은 무엇인가요? 왜 그런지도 알려 주세요.

지금까지 설계한 건물 중에 가장 좋아하는 건물은 경기도 포천 나남수목원에 설계한 인포센터입니다. 주변이 산으로 둘러싸인 약 60만 제곱미터의 넓은 숲속에 지어진 건물로서 자연 환경과 조화를 이루는 것이 중요했습니다.

땅은 크지만 진입부가 좁고 경사가 급했기 때문에, 인포센터를 북동쪽에 있는 실개천 쪽으로 최대한 붙여서 선형으로 배치했어요. 대지의 진입 경사를 이용하여 건물의 단면 공간을 형성하여 건물의 높이를 최소화함으로써 입구에서 들어올 때 자연의 풍경이 가려지지 않도록 계획했습니다.

자연 풍경과 잘 어울리는 건물을 만들기 위하여 필요한 시설을 분리하여 점유 면적을 최소화하였으며, 사이 공간space in between을 만들어 각 건물이 격리되는 느낌을 줄이면서 자연을 끌어들였지요. 주변의 숲과 조화를 이루면서도 여백이 있는 역동적인 건물이 만들어졌기 때문에 가장 맘에 드는 설계 작품입니다.

전문가에게 듣는 건축 이야기

나남수목원 인포센터 전경

나남수목원 인포센터 진입로 모습

르 꼬르뷔지에, 건축가의 길을 말해 줘

8. 건축가는 일 년 내내 바쁜가요? 아니면 건축을 하나 하면 몇 달간 쉬고 다시 건축하는 건가요?

하나의 건물이 완성되기 위해서는 많은 사람이 관련되고, 공사 규모나 복잡성에 따라 몇 달 또는 몇 년 동안 지속되기도 합니다. 건축가는 크게 건물을 설계하고, 설계한 건물이 제대로 지어지도록 관리_{이것을 감리라고 합니다}하는 일을 합니다. 건축가는 건물을 설계하기 위해서 기획, 토론, 설정, 분석과 재검토 등의 여러 과정을 통하여 최종 디자인에 이르는 작업을 합니다. 이러한 과정은 디자인 프로세스라고 부르는 데 이 과정 중에 집 지을 사람_{건축주}을 만나고, 집을 구상하고, 구상한 것을 그리고, 모형을 만들고, 도면 및 시방서를 만듭니다. 어떤 일은 사무실에서 하지만 건물이지어지는 현장에도 가야 하기 때문에 전국을 돌아다니기도 해요.

하나의 건물이 끝나고 다른 건물의 설계를 시작하는 것이 아니라, 건물별로 디자인 과정이 겹치는 일이 많기 때문에 건축가는 지속적으로 건축에 대해서 고민해야 하지요.

9. 건축가를 꿈꾸는 청소년에게 해 주고 싶은 말씀이 있으시다면…….

건축가는 직업적, 학문적 자격뿐만이 아니라 공식적인 자격 증명을 취득해야 하고, 인간의 행복한 삶을 위해서 일하기 때문에

전문가에게 듣는 건축 이야기

인간의 다양한 삶과 관련된 것에 많은 관심을 가져야 됩니다. 건축가가 되는 과정과 경험은 오랜 시간이 걸리기에 조금은 괴롭지만, 성취한 후에는 그만큼 즐거움을 맛볼 수 있어요.

건축가의 중요한 덕목인 창의성은 사물에 대한 인식 능력으로서 모든 사람들이 선천적으로 지니고 있으며, 환경 속에서 배양되기도 합니다. 청소년기에는 특정한 분야만 공부하기보다는 자신의 개성과 경험의 폭을 넓히고, 사고력도 고양시킬 수 있는 활동을 해 보는 것이 좋습니다. 지금 당장은 꼭 필요한 활동이 아닌 것 같더라도 나중에 건축가로서 활동할 때, 청소년기에 한 작은 경험이 여러분에게 생각지도 못한 빛나는 아이디어를 줄 수도 있답니다.

●홍성천 선생님은…

서울시립대 건축공학과 및 대학원을 졸업하고 건축문화설계사무소에서 11년 동안 재직하였으며, 2001년부터 (주)엑토종합건축사 사무소를 운영하고 있습니다. 2002년부터 K12 건축학교 교장으로서 어린이와 청소년을 위한 건축 교육 활동을 계속하고 있지요. 《건축가와 함께하는 어린이 건축교실[ae80] 프로그램》(공저)을 저술하였으며, 경기대 건축학과 겸임교수로 활동하고 있습니다.

대표 작품으로는 서울시립대 조형관, 나남수목원 인포센터 및 카페테리아, 판교S주택, 한강공원 플로팅 카페(13동), 상암동 J빌딩, 국립 대야산 휴양림 숲속수련원 등이 있습니다.

르 코르뷔지에, 건축가의 길을 말해 줘

건축가는 어떤 공부를 하나요?

건축은 크게 '건축학'과 '건축공학' 두 분야로 나눌 수 있어요.

이렇게 구분하는 이유를 알려면, 근대적 건축 설계 교육의 틀을 마련한 프랑스의 에콜 데 보자르Ecole des Beaux-Arts, 미술 학교와 에콜 폴리테크닉Ecole Polytechnique의 전통을 살펴볼 필요가 있어요.

에콜 데 보자르는 프랑스에 있는 몇 개의 영향력 있는 미술 학교를 가리킵니다. 이 학교의 기원은 쥘 마자랭 추기경이 소묘, 회화, 조각, 판화, 건축 등 다양한 재능을 가진 학생을 교육하기 위해 1648년 세운 프랑스 미술 아카데미입니다. 루이 14세는 이 학교 졸업생을 선발하여 베르사유 궁전 왕실의 거주지 장식을 시켰지요. 또한 1863년 나폴레옹 3세는 이 학교를 정부로부터 독립시키고, 이름을 '레콜 데 보자르L'Ecole des Beaux-Arts'로 바꾸었어요.

1897년부터는 여성에게도 입학이 허가되었답니다.

교육 과정은 '회화 조각 아카데미'와 '건축 아카데미'로 나뉘어 있었어요. 그러나 두 프로그램은 모두 고대 그리스 로마 문화를 기반으로 하는 고전 예술과 건축에 주안점을 두었습니다. 수업은 개별 아틀리에에서 엘리트 중심의 예술 교육을 했고요.

건축학은 예술적인 안목과 과학적·논리적인 사고력이 필요한 분야예요.

르 코르뷔지에, 건축가의 길을 말해 줘

특히 프랑스에서는 건축을 전공한 졸업생을 *élève*라고 불렀어요. 건축학과는 1968년 5월 소르본에서 있었던 학생 파업 이후 에콜 데 보자르에서 분리되었고, 학교 이름은 국립고등미술학교^{École Nationale Supérieure des Beaux-Arts}로 바뀌었답니다.

1789년 프랑스 혁명 후, 달라진 삶의 방식과 많은 건설 수요에 대응하고, 근대화 과정에서 등장한 신기술을 수용하는 효과적이고 체계적인 건축 교육 방식의 요구에 의해 에콜 폴리테크닉이 설립되었습니다. 건축을 예술로 인식하고 엘리트 중심으로 교육한 에콜 데 보자르와 달리 에콜 폴리테크닉은 건축을 기술로 받아들이고, 대중적인 교육을 했다는 차이점이 있어요.

이러한 전통 교육 방식이 현대에 그대로 전해지는 것은 아니지만, 건축을 바라보는 입장은 계승했답니다. 그래서 건축학에서는 건축을 예술로 바라보며, 건축물을 설계하는 방식과 이를 도면에 표현하는 방식을 주로 공부하는 반면, 건축공학에서는 건축을 기술로 바라보며, 건축물의 안전을 위한 구조 기술이라든지, 건축물이 제대로 작동될 수 있는 설비, 전기 등 관련 기술을 배운답니다.

건축 분야에 종사하는 사람을 부르는 이름은 상당히 많아요. 가장 일상적인 것이 '건축가'지요. 하지만 건축설계사, 건축사 등 이렇게 불리는 것도 들어 보았을 거예요. 왜 이렇게 이름이 다양할까요? 이것은 자격증의 명칭과 전문 분야를 부르는 명칭이 섞여

르 코르뷔지에를 꿈꾼다면

서 그렇답니다.

우선 건축과 관련된 모든 전문가는 일반적으로 '건축가'라고 부르는 게 맞습니다. 그리고 이들의 전문 분야에 따라 국가기술자격증이 있어요. 건축 분야 자격증은 '건축사'를 제외하고는 대부분 한국산업인력공단www.q-net.or.kr에서 주관하고 있습니다. 그럼 기술자격증에 관해 알아볼까요?

르 코르뷔지에, 건축가의 길을 말해 줘

건축가는 모두 같은 일을 하나요?

르 코르뷔지에가 라 쇼드퐁 예술학교에서 건축 공부를 했지만, 프랑스 파리로 건너 간 후로도 계속 건축과 관련된 공부를 한 이유는 무엇일까요? 건축학은 종합 학문으로 인문학적인 요소와 공학적인 부분을 망라하고 있기 때문에 건축가는 끊임없이 건축물을 이용하는 사람의 생활양식이 달라지는 것에 관심을 가져야 하고, 그에 맞는 건축물이 무엇인지 찾아내야 하기에 건축과 관련되어 있는 학문 외에 모든 학문을 두루 공부해야 해요.

아니! 건축하기 위해서는 평생 공부를 해야 한다는 말이야? 지레 겁먹은 친구들 있을까 두렵군요. 걱정 마세요. 시험공부는 지겹지만, 만약 건축에 흥미를 느끼는 친구라면 건축과 관련된 공부는 힘겹게 느껴지지 않을 거예요. 마치 게임할 때는 시간이 흐르는 게 느껴지지 않고 재미있는 것처럼 말이지요.

모든 일의 처음부터 끝까지 전 과정을 알아야 속 시원하다면,

건축사를 꿈꿔요

건축학 분야 최고의 자격입니다. 건축사는 건축주의 의뢰를 받아 주거 시설, 상업 시설, 공공건물이나 공장 등의 건축물을 구성하고 전문 지식을 바탕으로 조형미와 경제성, 안전성, 기능성 등을 모두 고려하여 가장 이상적인 건축물을 설계하고, 설계도의 내용이 시공 과정에 정확히 반영되는지를 확인하는 감리 업무를 통해 건축주 및 시공자에게 공정한 조언과 기술 지도를 합니다. 가장 좁은 의미에서 이들을 우리가 건축가라고 부르기도 하지요.

건축사 자격을 취득하고 유지하는 과정은 까다롭습니다. 일반적으로 대학에서 건축 관련 교육 과정을 마치고, 일정 기간 3년 이상 동안 건축사 사무소에서 실무 수련을 한 후, 국토교통부장관이 시행하는 건축사 자격시험에 응시할

르 코르뷔지에, 건축가의 길을 말해 줘

수 있고, 이 시험에 합격해야 비로소 건축사가 된답니다.

2007년 이후, 한국 건축 교육에 큰 변화가 있었습니다. 건축사를 키우려면 공통된 건축 교육 프로그램이 필요하다는 공감대가 형성되어, '건축학교육인증'이라는 제도가 도입되었어요. 그래서 현재 건축학과는 건축학교육인증을 받는 5년제 대학과 그렇지 않은 4년제 대학이 있답니다. 건축공학은 모두 4년제이지요.

건축사 자격시험은 1차 건축사 예비시험이론과 2차 건축사 자격시험실기으로 구분되는데, 5년제 건축학과를 졸업하면 1차 시험은

르 코르뷔지에를 꿈꾼다면

면제받아요. 또한 건축사가 되더라도 5년마다 '자격 갱신'을 해야 해요. 건축이 다양한 기술의 집약으로 완성되기 때문에 건축 전문가는 끊임없이 최신 정보를 학습해야 한다는 취지예요. 갱신 기간 5년 안에 실무교육 60시간 이상을 받아야 해요. 시험은 「건축사법」에 의해 대한건축사협회www.kira.or.kr에서 시행하고 있습니다.

눈에 보이는 모든 것에 과학이 숨어 있다고 믿는다면,

기술사를 꿈꿔요

건축공학 분야에 있어 국가기술자격 중 최고라 할 수 있습니다. 기술사가 되기 위해서는 기사, 산업기사, 기능사와 같은 별도의 자격증을 취득하거나 대학 졸업 후 일정 기간 동안 실무 수련을 한 후 자격시험에 응시해야 합니다. 실무 수련 기간은 자격증의 종류, 전문대학을 졸업한 경우나 4년제 대학을 졸업한 경우에 따라 기간이 다르지만 최소 4년에서 7년입니다. 만약 자격증이 없거나 대학을 졸업하지 않았다면 9년간 실무 수련을 해야 해요. 시험은 「국가기술자격법」에 의해 한국산업인력공단에서 시행하고 있어요.

르 코르뷔지에, 건축가의 길을 말해 줘

건축 분야 진로에는 어떤 것이 있나요?

건설 분야의 기술사 자격은 크게 건축, 토목, 조경, 도시 · 교통, 건설배관, 건설기계운전 6개로 구분돼요. 여기서는 건축에 국한된 분야로 한정해 살펴보겠습니다. 또한 자격증은 없지만 건축에서 빼놓을 수 없는 업무 분야인 '견적'에 대해서도 알아볼 거예요. 견적은 건축 공사에 필요한 재료, 인력 및 건설 장비에 드는 예상 비용을 분석하여 이에 대한 서류(견적서)를 작성하는 일을 말해요.

건축물의 안전이 궁금하다면,

건축구조기술사를 꿈꿔요

건축물이 안전하게 지어질 수 있도록 건축사와 협력하여, 콘크리트 구조, 철골 구조 등과 같은 건축물의 구조 방식에 알맞게 설계하거나 기타 여러 가지 기존 건축물의 구조 안전을 진단합니다. 그렇다면 건축구조기술사는 건축물의 뼈대를 만들어 내는 사람이군요. 아름다운 사람은 골격이 예쁜 것처럼 건축물도 그렇답니다. 그래서 구조기술자 중에는 건축물을 적극적으로 디자인하는 사람도 있어요.

여러분도 TV 자동차 광고에서 한번쯤 배경으로 보았음직한 건축물을 디자인 한 스페인 출신 건축가 칼라트라바Santiago Calatrava는 건축공학과 토목공학을 전공한 구조공학자로서 건축물 구조 디자이너로 꽤 유명하답니다. 그는 주로 철골 뼈대 구조인 스페이스-프레임 구조의 아름다움을 건축물에 담아낸답니다. 그러니 공학자라고 해서 디자인을 하지 않는다는 선입견은 버리세요.

건축물의 벽 속에 무엇이 숨어 있는지 궁금하다면,

건축기계설비기술사를 꿈꿔요

건축물을 사람의 몸에 비유하자면, 건축 구조는 인체의 뼈대라고 생각하면 됩니다. 사람이 숨 쉬고 배설하는 것처럼 건축물도 사람들이 생활하기 위해서는 전기도 필요하고, 화장실을 이용하려면 물도 필요하고, 사용한 물을 밖으로 버려야 하지요. 또 춥거나 덥지 않도록 냉·난방도 해야 하고요. 이러한 모든 것을 건축설비라고 부르며, 건축기계설비기술사들은 건축사와 협력하여

르 코르뷔지에, 건축가의 길을 말해 줘

건축 관련 직업은 현장에서 일하는 시간에 차이만 있을 뿐, 모두가 현장에서 일하는 점은 같아요.

르 코르뷔지에를 꿈꾼다면

설비 시스템을 설계하는 일을 해요.

설계도가 어떻게 해서 실제 건축물이 되는지 궁금하다면,

건축시공기술사를 꿈꿔요

건축사가 건축물에 대한 디자인계획과 설계를 마치면, 설계를 토대로 건설 현장에서 시공을 해요. 건축 시공을 하는 분들은 주로 건설 현장에서 근무하고, 건축시공기술사는 어떤 방식으로 공사하는지, 공사 일정에 따라 어떤 건설 기계를 언제 투입하는지 등 공사 전반의 운영과 관리를 합니다. 또한 건설 현장의 인력 관리와 건설 업무 수행을 위한 행정적인 일도 도맡아 합니다.

건축물이 제대로 완성됐는지 꼼꼼하게 따져보고 싶다면,

건축품질시험기술사를 꿈꿔요

건축품질시험 분야에 관하여 고도의 전문 지식을 가지고 풍부한 실무 경험을 바탕으로 계획, 연구, 설계, 분석, 시험, 운영, 시공, 평가하는 작업을 행하며, 지도와 감리 등의 기술 업무를 수행합니다. 건축물을 시공할 때 품질, 예산, 공정 등 각 단계에서 정한 목표를 달성하기 위해 시공의 전반적인 과정을 확인, 관리 감독합니다. 공정 관리에 따라 건설 자재에 대한 품질을 시험하고, 건설 재료의 품질과 안정성을 검사하여 부실 공사를 방지하고 건설 사고를 예방하는 일을 담당합니다.

건축품질시험기술사는 부실 공사 및 건설 재해를 예방하고 건설 공사의 품질 확보를 위하여 건축의 계획과 설계부터 시공하고 관리에 이르는 전 과정에 관한 공학적 지식과 기술을 겸비해야 합니다. 따라서 시험에 응시하기 위해서는 순수 실무 경력 9년, 건축 관련 학과를 졸업하고 6~8년, 혹은 건축 관련 자격증을 취득하고 4~7년가량 실무 경력을 쌓으면, 건축품질시험기술사 자격시험을 볼 수 있어요.

건축물에도 섬세한 관리가 필요하다고 생각한다면,

CM(건설사업관리사)을 꿈꿔요

건축 전 과정을 기획하고, 타당성을 조사하며, 조사 자료를 바탕으로 분석하고 설계하는 것을 비롯해 조달, 계약, 시공 관리, 감리, 평가, 사후 관리 등의 업무를 도맡아 하는 과정입니다. 이러한 건축 전 과정에 대한 관리 전문가를 '건설사업관리사'라고 해요. 건설사업관리사가 되려면 필기시험 합격 후 면접시험을 치러야 합니다. 필기시험 응시 자격은 대학을 졸업 한 후 실무 경력 12년, 석사는 9년, 박사는 3년의 실무 경력이 필요합니다. 또 기타 관련 자격증의 종류 유무에 따라 최소 3년 건축사, 기술사, 변호사 등에서 13년 산업기사까지의 실무 경력이 있어야 시험을 치를 수 있어요.

르 코르뷔지에를 꿈꾼다면

현재 CM 자격 검정은 대표적으로 '한국CM협회'에서 치르지만,
유일한 기관은 아니랍니다. 시험을 주관하는 기관이 현재까지는
단일기관으로 통합되어 있지 않습니다.

르 코르뷔지에, 건축가의 길을 말해 줘

자격증이 있어야만 건축가로 활동할 수 있나요?

지금까지는 전문 국가기술자격에 관해서 알아보았어요. 혹시 '자격증이 없으면 건축 일을 할 수 없는 건가?' 하는 궁금증이 드는 친구들을 위해 설명하자면, 물론 자격증이 없어도 건축 관련 일을 할 수 있어요. 하지만 이왕이면 자격증이 있는 것이 좋겠지요?

환경 문제에 관심이 많다면,

건축물 에너지평가사를 꿈꿔요

환경 문제는 우리 사회 전체가 관심을 갖고 있어요. 건축도 예외일 순 없겠지요? 특히 건축물의 에너지 절약은 초미의 관심사입니다. 때문에 2013년에는 건축물 온실가스 배출량 감축과 녹색건축물의 확대를 목적으로 「녹색건축물조성지원법」이 만들어졌지요. 이 법에 따라 건축물의 효율 등급 평가 등을 수행 할 수 있는 자격시험이 시행됩니다. 2013년 현재는 민간 자격으로 시험이 시행되고 있습니다만 앞으로는 국가자격으로 바뀔 전망이랍니다. 현재 자격은 1급과 2급으로 구분되어 1객관식 · 2차주관식 : 서술 · 계산 시험이 있어요. 건축물 에너지평가사는 시험 과목이나 활동 분야가 다분히 전문적입니다. 그런데도 현재는 민간자격으로 시험을 보도록 하고 있어, 1 · 2차 시험 합격 후에는 별도의 교육을 이수

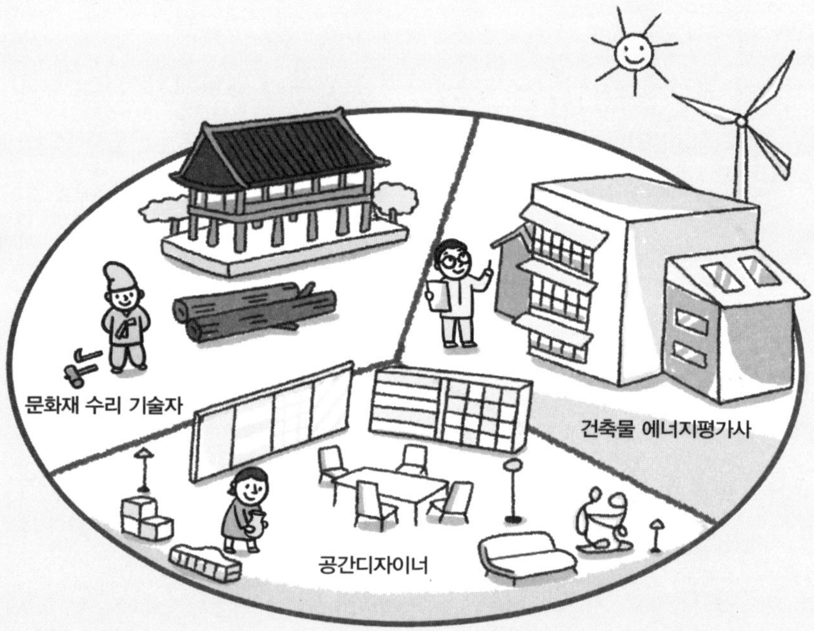

환경과 전통문화 실내 공간의 디자인 등 건축가의 아이디어가 필요한 분야는 아직도 무궁무진해요.

르 코르뷔지에, 건축가의 길을 말해 줘

해야 해요. 주관은 에너지관리공단www.kemco.or.kr이 하고 있어요.

우리 전통문화에 관심이 많다면,

문화재수리기술자를 꿈꿔요

우리나라의 전통건축물은 목조입니다. 목조 건축의 경우, 서양의 기법과 우리나라 전통 기법에 차이가 있어요. 뿐만 아니라 시대와 지역에 따라 그 기법을 달리하기도 합니다. 그래서 전통 건축물의 설계와 시공 등을 위해서는 여러 가지 배워야 할 것이 많지요. 일반적인 전통 건축물의 설계 등은 건축사가 업무를 수행합니다. 그러나 국가에서 관리하는 문화재와 관련된 업무는 '문화재수리기술자' 자격이 있어야 하지요. 문화재수리기술자는 문화재 수리에 관한 기술적인 업무를 담당하고 문화재수리기능자의 작업을 지도 · 감독하는 업무를 수행해요. 문화재수리기술자는 보수기술자, 단청기술자, 실측설계기술자, 조경기술자, 보존과학기술자, 식물보호기술자가 있어요. 여기서 실측설계기술자를 제외한 나머지는 특별한 자격 제한이 없습니다.

실측기술자는 전통 건축 구조물의 보수 · 복원을 위하여 실측하여 설계도를 작성하고, 이에 따른 간단한 시굴 조사 및 보고서를 작성하는 관련 업무를 수행하는데, 건축사 자격이 있어야 시험에 응시할 수 있고, 1차필기 시험 합격 후 면접구술시험이 있습니다.

르 코르뷔지에를 꿈꾼다면

전통 건축 분야는 한국전통문화학교나 명지대 건축대학에서 전통 건축을 전공하여 전문 교육을 받거나, 숙련 기술자나 기능자의 보조원이나 제자로 들어가 전통 건물의 시공·보수 현장에서 직접 전통 건축에 대한 일을 배우는 경우가 많습니다. 자격시험은 「문화재수리등에관한법률」에 의해 한국산업인력공단에서 문화재수리기능자나 문화재수리기술자 자격시험을 운용, 관리하고 있습니다.

공간을 아름답게 꾸미기를 좋아한다면,

공간디자이너를 꿈꿔요

주택, 사무실, 상가 건물의 내부 환경을 기능과 용도에 맞게 설계, 장식하는 일을 합니다. 내부 시설의 목적과 기능, 고객의 기호, 예산, 건축 형태, 시설 장비 등 내부 환경이 장식에 영향을 미치는 요인을 조사·결정하기 위하여 고객과 협의하고, 건물의 목적과 기능, 예산 및 건축 형태 등 특성을 파악하여 디자인 콘셉트를 세우고 세부 일정 및 계획을 세웁니다. 구체적 활동 분야로는 인테리어 디자인, 환경 디자인, 전시 디자인, 공간 조형, 디스플레이, 공간 조명, 공간 기획, 가구 디자인, 조경 및 경관 디자인 등 실내·외 공간 디자인과 관련된 다양한 분야가 있습니다.

현재 이 분야에서 특별히 요구되는 자격증은 없습니다. 또한 관

르 코르뷔지에, 건축가의 길을 말해 줘

련학과가 방대하고 실내디자인학과, 실내건축학과, 공간디자인학
과 등 명칭도 다양하며, 학과의 소속도 건축대, 공대, 미대 등 대
학에 따라 다양하게 운영하고 있는 실정입니다.

건축의 거장 중에 나의 롤모델을 찾아요

스페인의 천재 건축가

안토니오 가우디
(Antonio Goudi, 1852~1926)

　20세기 초에 활동한 에스파냐의 건축가입니다. 인생의 대부분을 바르셀로나에서 보낸 안토니오 가우디는 적극적인 후원자 구엘 남작을 만나 개성 넘치는 창의력으로 새로운 건축 양식을 창조하며 건축가로서 꽃을 피웠습니다. 벽과 천장의 곡선미를 살리고 섬세한 장식과 색채를 사용한 것이 그가 지은 건축물의 특징이지요. 파도가 연상되는 곡선미를 자랑하는 카사 밀라1910, 금속 재료

르 코르뷔지에, 건축가의 길을 말해 줘

로 창문을 장식한 것이 특징인 카사 칼베르1898~1900, 미로 같은 구
엘 공원1900~1914 등이 대표적인 작품입니다. 그 중에서도 미완성으
로 남은 사그라다 파밀리아 교회1884~는 그의 역작입니다.

건축계의 토털 디자이너
프랭크 로이드 라이트
(Frank Lloyd Wright, 1867~1959)

    인간의 진정한 가치에 기초를 둔 새로운 건축과 실내 환경을 유
기적으로 모색하기 위해 부단히 노력한 건축가이자 교육자, 철학
자, 저술가로, 르 코르뷔지에, 미스 반데어로에와 더불어 근대 건
축 3대 거장으로 일컬어집니다. 그는 민주주의를 위한 디자인과
언제나 새로운 창조적 정신으로 존경을 받았고, 고급 주택뿐 아니
라 저렴한 교외 주택Usonian House도 시도했다는 점에서도 찬사를 받
았습니다. 어느 건축가보다도 많은 총 1,141점을 디자인하였고,
그중 532점은 실현되었으며, 현재 남아 있는 작품 수만도 409점이

건축의 거장 중에 나의 롤모델을 찾아요

나 됩니다. 그는 건축 작품과 관련된 가구, 직물, 램프, 유리 공예, 식탁 용품, 은제품, 린넨, 그래픽 디자인 및 조경을 직접 디자인한 토털 디자이너기도 하고, 12권의 저서와 수많은 강연회, 건축 전시회를 통해 전 세계 건축가 및 실내 디자이너들에게 많은 영향과 자극을 준 선구자적 건축가입니다. 대표적인 작품으로는 낙수장1936, 탤리어신 웨스트1938, 뉴욕 구겐하임 미술관1956~1959, 마린카운티 주민 센터1966 등이 있습니다.

철학적인 건축가
루이스 칸
(Louis Isadore Kahn, 1901~1974)

왜소한 체구와 얼굴에 난 화상 흉터, 보잘것없는 배경을 가졌지만, 끝없이 열심히 작업했고, 50대 중반에 이르러서 비로소 세상에 이름을 알린 대기만성 형 건축가입니다. 그는 20세기 최고의 건축가 중 한 사람으로 일컬어지는데요. "건물이 무엇이 되기를 원하는가"에 대해 끊임없이 질문하고 답하면서 절제된 형태 속에 영감과 사색의 공간을 만들어냈습니다. 소크 생물학연구소

1959~1965, 필립 엑서터 도서관1966~1972, 킴벨 미술관1967~1972, 방글라데시 국회의사당1962~1976 등이 대표 작품으로 남아 있습니다.

콘크리트의 마술사

안도 다다오

(安藤忠雄, 1941~)

일본의 세계적인 건축가입니다. 일란성 쌍둥이로 태어났고, 건축가가 되기 전에 트럭 운전사와 권투 선수로 일한 특이한 경력이 있습니다. 또한, 건축에 대해 전문적인 교육을 전혀 받은 적이 없다는 점도 특이하지요. 그의 건축물에서는 물이나 빛, 바람, 나무, 하늘 등 자연과의 조화가 두드러져 편안함과 경건함을 주고, 투명한 소재인 유리와 노출 콘크리트를 많이 사용함으로써 간결하고 단순하지만 차갑지 않은 느낌이 듭니다.

근대 건축의 아버지라 불리는 르 코르뷔지에의 영향을 받았기 때문에 그의 작품과 유사한 면도 있습니다. 대표적인 건축물로는 스미요시의 연립주택1976, 빛의 교회1989, 갤러리아 아카1988, 히메

건축의 거장 중에 나의 롤모델을 찾아요

지 문학관1991~1996 등이 있습니다.

한국의 근대 건축을 시작한 제1세대 건축가

박길룡(1898~1943)과 박동진(1899~1981)

두 거장은 1930년대 한국 근대 건축의 태동기에 한국 건축의 현대화에 기여했습니다.

박길룡 선생은 조선총독부 청사 건립에 참여했으며, 1932년 이후 조선총독부를 사임한 이후, 건축사무소를 개소하여 건축가로 활동하며 일반인의 주택 상담을 하는 '조선가옥건축연구회'를 설립하고, 여러 강연을 하면서 자신이 도출한 주택 개량의 방향을 소개했습니다. 주요 작품으로는 경성제국대학 본부1931, 동일은행 남대문지점1931, 한청빌딩1935, 경성여자상업학교 교사와 강당1937, 화신백화점1937, 혜화전문학교 본관1943 등이 있고,《재래식 주거 개선에 대하여》,《조선식 온돌 개량에 대하여》라는 저서를 통해 주거 건축의 현대화를 위해 노력했습니다.

박동진 선생은 1919년 독립운동에 참여하여 수감 생활을 했고, 1926년이 되어서야 경성 고등고업학교를 졸업하고, 그 해 조선총독부에 입사하여 내직 건축기사로 근무했습니다. 1940년 총독부를 사임하고, '박동진건축연구소'를 설립하여 활동하다가, 해방과

르 코르뷔지에, 건축가의 길을 말해 줘

한국전쟁 이후 '기신건축연구소'를 세워 건축가로서 본격적인 활동을 시작하였습니다. 작품 대부분은 석조의 고딕 양식이 주류를 이루는데, 주요 작품으로는 보성전문학교 본관1934, 평안공업학교 본관1940, 영락교회1946, 경성여자상업학교 별관1947, 남대문교회1955, 고려대학교농과대학 본관1955과 서관1956 등이 있습니다.

두 분 외에도 당시 근대 건축을 이끈 분 중에는 박인준 선생님과 강윤 선생이 있습니다. 1930년대 중반에는 해외 교육 기관에서 공부하고 돌아와 설계 업무에 종사하는 이들도 있었는데, 박인준은 미국 미네소타 대학을 졸업하고 돌아와 개방적인 형태의 주택을 주로 설계했고, 일본에서 학교를 다닌 강윤은 한식과 양식을 절충한 태화기독교회관1938 외에 여러 건물을 설계했습니다.

한국 건축에 모더니즘을 본격적으로 수용한 건축가

김수근(1931~1986)과 김중업(1922~1988)

한국에 서양식 건축물이 건축되기 시작한 후, 한국 건축계에 무차별적으로 서양 건축이 받아들여지자 김수근과 김중업 선생은 '한국의 현대식 건축은 어떠한 모습이어야 하는가?'라는 문제로 깊이 고민했습니다. 그래서 두 분은 한국 전통 건축을 모티프로 한 다양한 건축 디자인을 시도했답니다.

건축의 거장 중에 나의 롤모델을 찾아요

김수근 선생의 건축은 재료의 사용이나 디자인 특성에 따라 크게 세 부분으로 구분됩니다. 노출 콘크리트를 주로 사용한 1960년대, 벽돌을 활용한 1970년대, 그리고 다양한 조형 의지로 구현된 자유분방한 조형의 시기인 1980년대이지요. 1960년에 현상 설계에 당선되어 건축된 국회의사당, 워커힐 힐탑바1961, 고려의대 부속 병원1963, 한국일보 사옥1965, 타워호텔1969, 샘터 사옥1979, 문예진흥원 전시관 및 공연장1979, 경동교회1980, 올림픽 주경기장1984, 올림픽 체조경기장1986, 청주박물관1987 등이 있습니다.

김중업 선생은 르 코르뷔지에와 상당히 인연이 깊습니다. 선생은 1952년 유네스코가 주최하는 '제1회 세계 예술가 대회'의 명예위원으로 초청을 받아 베니스에 온 르 코르뷔지에를 만났고, 그 기회를 인연으로 르 코르뷔지에의 사무실에서 3년간 근무하였지요. 그 후 한국으로 돌아와 여러 건축물을 디자인하였는데, 크게 두 가지 경향으로 나눌 수 있어요. 하나는 모더니즘 건축이 가지는 기능성과 첨단의 기술이고, 나머지는 한국의 전통적인 모티브를 가져와 현대적 재료와 설계 방식으로 승화시키는 경향입니다. 전통 건축의 배흘림기둥과 지붕, 지붕을 떠받치는 가구 구조를 현대화하는 방식을 즐겨 사용했는데, 이를 표현하기 위해 건축물의 몸체와 지붕을 분리하면서, 현대적인 기능을 수용하는 공간은 현대적으로 하면서, 지붕은 별개로 전통적인 지붕의 선으로 표현

했답니다. 대표작으로는 기능성과 첨단 기술을 표현한 명보극장

1956, 서강대학교 본관1958, 서울 도쿄호텔1968, 삼일로 빌딩1969 등과

전통 건축을 현대화한 주한 프랑스 대사관1960, 제주대학 본관1964,

유엔묘지 정문1964, 서산부인과 병원1965, 진해 해군공관1968, 경상

남도 문화예술회관1982 등이 있습니다.

건축의 거장 중에 나의 롤모델을 찾아요